"一带一路"列国人物传系

荷兰10人传
郁金香之国

陈小明 侯超颖 ◎编著

五洲传播出版社·北京
China Intercontinental Press

图书在版编目（CIP）数据

荷兰10人传：郁金香之国/陈小明，侯超颖编著
. -- 北京：五洲传播出版社，2024.3
（"一带一路"列国人物传系）
ISBN 978-7-5085-5153-1

Ⅰ.①荷⋯ Ⅱ.①陈⋯ ②侯⋯ Ⅲ.①人物—列传—荷兰 Ⅳ.①K835.63

中国国家版本馆CIP数据核字(2024)第010106号

荷兰10人传：郁金香之国
编　　著：陈小明　侯超颖
出 版 人：关　宏
责任编辑：梁　媛　侯琴雅
装帧设计：山谷有魚
出版发行：五洲传播出版社
地　　址：北京市海淀区北三环中路31号生产力大楼B座6层
邮　　编：100088
发行电话：010-82005927，010-82007837
网　　址：http://www.cicc.org.cn，http://www.thatsbooks.com
印　　刷：北京市房山腾龙印刷厂
版　　次：2024年3月第1版第1次印刷
开　　本：32开
印　　张：8.5
字　　数：210千字
定　　价：49.80元

《"一带一路"列国人物传系》编辑委员会

指导单位： 中国文学艺术界联合会
中国社会科学院国家全球战略智库

编委会： 主　任：王　丽
副主任：唐得阳　王灵桂

委　员

丁闻琦	丁　超	于　青	于福龙	马细谱	王成军
王　丽	王灵桂	王建沂	王春阳	王郦久	王洪起
王宪举	王　渊	文　炜	孔祥琇	石　岚	白明亮
冯玉芝	成　功	朱可人	刘　文	刘思彤	刘铨超
安国君	许文鸿	许烟华	孙钢宏	孙晓玲	苏　秦
杜荣友	李一鸣	李永全	李永庆	李垂发	李玲玲
李贵方	李润南	李嘉慧	余志和	宋　健	张　宁
张　敏	陈小明	邵诗洋	邵逸文	周由强	周　戎
周国长	庞亚楠	胡圣文	姜林晨	贺　颖	贾仁山
高子华	高宏然	唐岫敏	唐得阳	董　鹏	韩同飞
景　峰	程　稀	谢路军	翟文婧	熊友奇	鞠思佳

支持单位： 中国社会科学院俄罗斯东欧中亚研究所
北京融商一带一路法律与商事服务中心

人物画像： 吴泽浩

法律顾问： 北京德恒律师事务所

总　序
群星闪耀"一带一路"

"2100多年前,中国汉代的张骞肩负和平友好使命,两次出使中亚,开启了中国同中亚各国友好交往的大门,开辟出一条横贯东西、连接欧亚的丝绸之路。"[1] 2013年9月7日,中国国家主席习近平在哈萨克斯坦纳扎尔巴耶夫大学发表演讲,以博古通今的睿智对大学生们娓娓道来丝绸之路古老而年轻的故事。

"我的家乡陕西,就位于古丝绸之路的起点。站在这里,回首历史,我仿佛听到了山间回荡的声声驼铃,看到了大漠飘飞的袅袅孤烟。这一切,让我感到十分亲切。哈萨克

---

[1]《习近平谈治国理政》,外文出版社,2014年10月第1版,第287页。

斯坦这片土地,是古丝绸之路经过的地方,曾经为沟通东西方文明,促进不同民族、不同文化相互交流和合作作出过重要贡献。东西方使节、商队、游客、学者、工匠川流不息,沿途各国互通有无、互学互鉴,共同推动了人类文明进步。""不同种族、不同信仰、不同文化背景的国家完全可以共享和平,共同发展。这是古丝绸之路留给我们的宝贵启示。""为了使我们欧亚各国经济联系更加紧密、相互合作更加深入、发展空间更加广阔,我们可以用创新的合作模式,共同建设'丝绸之路经济带'。"[1] 推己及人,高瞻远瞩,引领时代,习主席在阿斯塔纳[2]通过哈萨克斯坦人民,首次向世界发出了让古老的丝路精神再次焕发青春和光彩的时代宣言。

2013年10月3日,习主席在印度尼西亚国会发表了题为《共同建设二十一世纪"海上丝绸之路"》的演讲:"东南亚地区自古以来就是'海上丝绸之路'的重要枢纽,中

---

[1]《习近平谈治国理政》,外文出版社,2014年10月第1版,第287、288、289页。

[2] 哈萨克斯坦新首都名称。

国愿同东盟国家加强海上合作,使用好中国政府设立的中国—东盟海上合作基金,发展好海洋合作伙伴关系,共同建设21世纪'海上丝绸之路'","发挥各自优势,实现多元共生、包容共进,共同造福于本地区人民和世界各国人民"。[1]这个倡议和9月7日的演讲异曲同工、遥相呼应、互为映衬,完整地提出了"丝绸之路经济带"和"21世纪海上丝绸之路"的宏伟构想。

从广袤的亚欧腹地哈萨克斯坦到风光旖旎的印度尼西亚,习主席提出的"丝绸之路经济带"和"21世纪海上丝绸之路"吸引了世界各国的目光。从2013年9月至2016年8月,习近平主席出访37个国家(亚洲18国、欧洲9国、非洲3国、拉美4国、大洋洲3国),对"一带一路"倡议的总体框架和基本内涵作了充分阐述。和平合作、开放包容、互学互鉴、互利共赢的丝路精神,共商、共建、共享的合作理念,驱散了"去全球化"的阴霾,为增长低迷的世界

---

[1]《习近平谈治国理政》,外文出版社,2014年10月第1版,第293、295页。

经济注入新的动能。各国纷纷将本国经济发展与中国政府制定的《推动共建丝绸之路经济带和21世纪海上丝绸之路的愿景与行动》规划相衔接。"一带一路"倡导的政策沟通、设施联通、贸易畅通、资金融通、民心相通等"五通",正在以基础设施、经贸合作、产业投资、能源资源、金融支撑、人文交流、生态环保、海洋合作等为载体和依托,在全球掀起了投资兴业、互联互通、技术创新、产能合作的新势头。2016年中国牵头成立有57个成员国加入的亚洲基础设施投资银行(AIIB),2017年3月23日迎来13个新伙伴。孟加拉配电系统升级扩容项目、印尼全国棚户区改造项目、巴基斯坦国家高速公路项目和塔吉克斯坦杜尚别至乌兹别克斯坦道路改造项目已经获得亚投行金融支持,共商共建成为现实。

"一带一路"倡议得到国际社会的热烈响应。2016年11月17日,第71届联合国大会193个成员国一致赞同,通过了第A/71/9号决议,欢迎"一带一路"倡议,敦促各国通过参与"一带一路",呼吁国际社会为开展"一带一路"建设提供安全保障环境。2017年3月17日,联合国安理会全票赞成,一致通过第2344号决议,呼吁国际社会凝聚援助阿富汗共识,通过"一带一路"建设等加强区域经济合作,敦促各方为"一带一路"建设提供安全保障环境。

2017年1月,习近平主席在联合国日内瓦总部发表题为《共同构建人类命运共同体》的重要演讲,全面深入系统阐述人类命运共同体重大理念,在国际上引起热烈反响,受到各方普遍欢迎和高度评价。3月23日,联合国人权理事会第34次会议通过关于"经济、社会、文化权利"和"粮食权"两个决议,决议明确表示要通过"一带一路"建设"构建人类命运共同体"。这是人类命运共同体重大理念首次载入人权理事会决议,标志着这一理念成为国际人权话语体系的重要组成部分。2017年5月,北京喜迎来自"一带一路"相关国家的元首、政府首脑、前政要,以及国际组织负责人,还有专家学者和知名企业家等各界代表上千人,出席"'一带一路'国际合作高峰论坛",共商沿线各国之合作共赢大计。

"一带一路"不是中国的独角戏,是与亚、欧、非洲及世界各国共同奏响的交响乐。中国恪守联合国宪章的宗旨和原则，坚持开放合作、和谐包容、政策沟通，培育政治互信，建立合作共识，协调发展战略、促进贸易便利化及多边合作体制机制。中国携手100多个国家和地区，依托国际大通道，以陆上沿线中心城市为支撑，以重点经贸产业园区为合作平台，共同打造新亚欧大陆桥、中蒙俄、中国—中亚—西亚、中巴、孟中印缅、中国—中南半岛等国际经济合作走廊进展顺利，中欧班列在贸易畅通上动力强劲，风景亮丽；以海上重点港口为节点，共同建设通畅安全高效的运输通道，实现陆海路径的紧密关联和合作，太平洋、印度洋、大西洋上巨轮往来频繁，不亦乐乎。亚太经合组织、亚欧会议、大湄公河次区域合作等有关决议或文件，都体现了"一带一路"建设内容。丝路基金、开发性金融、供应链金融汇聚全球财富，建设绿色、健康、智慧与和平的丝绸之路，增进各国民众福祉。

"一带一路"是人类历史上从未有过的恢宏蓝图，也是横跨亚非欧连接世界各国的暖心红线。"丝绸之路经济带"包括中国经中亚、俄罗斯至欧洲（波罗的海），中国经中亚、西亚至波斯湾、地中海，中国至东南亚、南亚、印度洋；

"21世纪海上丝绸之路"包括从中国沿海港口过南海到印度洋再延伸至欧洲和到南太平洋。一路驼铃声声、舟楫相望,互通有无、友好交往。

在新的时代,在创新古丝路精神的伟大进程中,习主席专门缅怀丝路开拓者,特意致敬古丝路精神奠基人:"我们的祖先在大漠戈壁上'驰命走驿,不绝于时月',在汪洋大海中'云帆高张,昼夜星驰',走在了古代世界各民族友好交往的前列。甘英、郑和、伊本·白图泰是我们熟悉的中阿交流友好使者。丝绸之路把中国的造纸术、火药、印刷术、指南针经阿拉伯地区传播到欧洲,又把阿拉伯的天文、历法、医药介绍到中国,在文明交流互鉴史上写下了重要篇章。千百年来,丝绸之路承载的和平合作、开放包容、互学互鉴、互利共赢精神薪火相传。"[1]这种吃水不忘挖井人的情怀,再次展现了中华民族不忘历史、纪念先贤、展望未来的优秀文化基因,也为中国传记文学学会参加"一带一路"建设指明了方向和道路。

---

[1]习近平:《弘扬丝路精神 深化中阿合作——在中阿合作论坛第六届部长级会议开幕式上的讲话》,《人民日报》2014年6月6日第2版。

荷兰10人传：郁金香之国

在古老的丝绸之路上，我们不曾相忘：张骞出使西域到过的哈萨克斯坦，山高水长的好邻居巴基斯坦，双头鹰下横跨欧亚之国俄罗斯，草原之国蒙古，喜马拉雅浮世天堂尼泊尔，菩提恒河保佑之国印度，文化瑰宝伊朗，首创法典之国伊拉克，红海门户之国也门，石油王国沙特阿拉伯，波斯湾明珠巴林，雪松之国黎巴嫩，海湾之秀科威特，沙漠之巅阿联酋，半岛明珠之国卡塔尔，波斯湾霍尔木兹海峡守门人阿曼，万湖之国白俄罗斯，欧亚十字路口土耳其，流着奶和蜜之地以色列，欧洲粮仓乌克兰，亚平宁半岛上的文化巅峰意大利，阿尔卑斯之巅的瑞士，玫瑰之国保加利亚，与灵魂对话的思辨之国德意志，欧洲文化殿堂法兰西，欧洲客厅比利时，郁金香之国荷兰，热情如火的西班牙，还有绅士国度英国，北非金字塔之国埃及，非洲屋脊奉马蹄莲为国花的埃塞俄比亚，香草大岛之国马达加斯加，等等。

沿着海上丝绸之路，我们会领略丛林花园之国马来西亚，花园国度新加坡，千岛之国菲律宾，赤道翡翠之国印度尼西亚；沿澜沧江一路南下，我们不曾相忘澜湄泽润之国越南，千佛之国泰国，高棉的微笑之国柬埔寨，万象之都老挝，印度洋上明珠之国斯里兰卡，印度洋上的明星和钥匙毛里求斯，堆金积玉之国文莱，追求自由之国东帝汶，印度洋世外桃源马尔代夫，骑在羊背上的国家澳大利亚，上帝的后花园新西兰，等等。

"一带一路"沿线国家里，那些千百年来影响了人类与国家、民族命运并与中国曾经有过交往的古今人物，至今还能在教科书、影视剧里看到他们，还能感受到他们在一代一代年轻人身上所生发的影响和魅力。

当然，对于中国人来说，更为熟悉的是丝绸之路的开拓者。曾记否？丝绸之路开拓者中，有汉武帝和他的使节们，有首开大唐盛世的唐太宗及其无数臣民，有再续睦邻通商航海路的宋祖朝廷和无数先贤，还有金戈铁马风漫卷的元代人物，一统江山万里帆的明代人物，环球凉热自清浊的清代人物，东西碰撞溅火花的近代人物，经受风雨变迁、勇立海国之志的现代人物，更有丝路明珠敦煌莫高窟的守护者，卫国助邻的将军和通司中外的外交家们。当然，数风流人物，还看今朝，我们不能不浓墨重彩地讴歌那些智通商海，投身到新丝路建设中的当代人物。

耕云播雨，香火延续，智慧传承，历史再续！2100多年的友好交往历史从未隔断，惠及三大洲的中西交通从未停歇，21世纪的"中国梦"和"世界梦"汇成了人类命运共同体的时代和弦，响彻在"一带一路"辽阔的长空。也正因如此，在2023年的金秋时节，习近平主席同来自五洲四海的新老朋友相聚北京，共同出席第三届"一带一路"国际合作高峰论坛。世界的目光再次聚焦北京、聚焦中国。10年来，在各方的共同努力下，共建"一带一路"从中国倡议走向国际实践，从理念转化为行动，从愿景转变为现实，从谋篇布局的"大写意"到精耕细作的"工笔画"，取得实打实、沉甸甸的成就，成为深受欢迎的国际公共产品和国际合作平台。"一带一路"合作从亚欧大陆延伸到非洲和拉美，150多个国家、30多个国际组织签署共建"一带一路"合作文件，举办3届"一带一路"国际合作高峰论坛，成立了20多个专业领域多边合作平台。[1]这是中华

---

[1] 习近平在第三届"一带一路"国际合作高峰论坛开幕式上的主旨演讲（全文），2023年10月18日，https://baijiahao.baidu.com/s?id=1780064815242319182&wfr=spider&for=pc。

民族和世界历史上都应该铭记的大日子。

"一带一路"沿线国家拥有各自悠久的历史和丰富的文化传统，从古到今，涌现出了许多令人钦佩的人物，他们的成就在促进不同文化之间的民心相通方面发挥了重要作用，他们的贡献有助于加深各国人民之间的理解和合作。以人物传记写作为己任的中国传记文学学会，在"一带一路"倡议实施中，肩负"讲好'一带一路'民心相通好故事"的使命和责任，这也是国家赋予我们的根本职责和任务。在中国文学艺术界联合会的领导下，在中国社会科学院国家全球战略智库指导下，中国传记文学学会以赤诚的家国情怀、强烈的时代精神、为人物传记的责任担当，在认真调研、周密谋划、精心组织基础上，毅然决定倾注全力组织编写、筹资出版"'一带一路'列国人物传系"。此皇皇百卷传系讲述近千名各国卓越人物故事，集数百位专家作家尽心挥毫，冬去春来，夜以继日……幸得各界人士倾力赞助，又得中国出版集团公司华文出版社、当代世界出版社、五洲传播出版社出版发行。于是，各位读者得以读到手中的这套活泼而不失厚重、有趣而不失学养的列国人物合传书卷。

孔子曰："仁者，人也。"让各国的先贤智者的思想光辉，照亮我们探索人类未来的道路。

传记明志，落笔为文，是为总序。

中国传记文学学会会长

"'一带一路'列国人物传系"编委会主任

王丽 博士

2023年10月18日

Introduction: The Star-studded "Belt and Road"

On September 7, 2013, Chinese President Xi Jinping delivered a speech at Kazakhstan's Nazarbayev University, telling college students the ancient yet up to date stories of the Silk Road with well-versed wisdom.

"More than 2,100 years ago during the Han Dynasty (206 BC-220AD), a Chinese envoy named Zhang Qian was sent to Central Asia twice on missions of peace and friendship. His journeys opened the door to friendly contacts between China and Central Asian countries, and started the Silk Road linking east and west, Asia and Europe.

Shaanxi, my home province, is right at the starting point of the ancient Silk Road. Today, as I stand here and look back at that history, I seem to hear the camel bells echoing in the mountains and see the wisp of smoke rising from the desert, and this gives me a specially good feeling.

Kazakhstan, located on the ancient Silk Road, has made an important contribution to the exchanges between the Eastern and Western civilizations and the interactions and cooperation between various nations and cultures. This land has borne witness to a steady stream of envoys, caravans, travelers, scholars and artisans traveling between the East and the West. The exchanges and mutual learning thus made possible promoted the progress of human civilization." [1]

"Countries of different races, beliefs and cultural backgrounds are fully able to share peace and development. This is the valuable inspiration we have drawn from the ancient Silk Road," [2] and "to forge closer economic ties, deepen cooperation and expand

---

[1] *Xi Jinping: The Governance of China.* 1st ed., Foreign Languages Press, Beijing, October 2014, p.311.

[2] *Xi Jinping: The Governance of China.* 1st ed., Foreign Languages Press, Beijing, October 2014, p.312.

development space in the Eurasian region, we should take an innovative approach and jointly build an economic belt along the Silk Road." [1]

With caring, vision and leadership, through the people of Kazakhstan in Astana, President Xi Jinping, for the first time, has made a declaration to the world that would rejuvenate the spirit of the ancient Silk Road.

On October 3, 2013, President Xi Jinping gave a speech titled "Work Together to Build a 21st-century Maritime Silk Road" at the People's Representative Council of Indonesia.

"Southeast Asia has since ancient times been an important hub along the ancient Maritime Silk Road. China will strengthen maritime cooperation with the ASEAN countries, and the China-ASEAN Maritime Cooperation Fund set up by the Chinese government should be used to develop maritime partnership in a joint effort to build the 'Maritime Silk Road' of the 21st century." [2] And "the two

---

[1] *Xi Jinping: The Governance of China*. 1st ed., Foreign Languages Press, Beijing, October 2014, p.313.

[2] *Xi Jinping: The Governance of China*. 1st ed., Foreign Languages Press, Beijing, October 2014, p.317.

sides need to give full rein to our respective strengths to enhance diversity, harmony, inclusiveness and common progress in our region for the benefit of both our people and the people outside the region." [1]

This initiative and the speech on September 7 both express the same idea and echo with each other, completing a grand vision of the "Silk Road Economic Belt" and the "21st Century Maritime Silk Road".

From Kazakhstan in the vast Eurasian hinterland to the beautiful scenery of Indonesia, Xi Jinping's proposed "Silk Road Economic Belt" and "21st Century Maritime Silk Road" have attracted the attention of countries all over the world. From September 2013 to August 2016, Xi visited 37 countries (18 in Asia, 9 in Europe, 3 in Africa, 4 in Latin America and 3 in Oceania), and fully elaborated on the overall framework and basic connotation of the "Belt and Road" initiative. The Silk Road spirit

---

[1] *Xi Jinping: The Governance of China*. 1st ed., Foreign Languages Press, Beijing, October 2014, p.319.

of peace and cooperation, openness and inclusiveness, mutual learning, and mutual benefit, combined with the idea that projects should be jointly built through consultation to meet the interests of all, dispels the haze of "de-globalization" and injects new kinetic energy into the sluggish growth of the world economy. Many countries have linked up their own economic development to the "Vision and proposed actions outlined on jointly building Silk Road Economic Belt and 21st- Century Maritime Silk Road" proposed by the Chinese government.

The "Belt and Road" initiative advocates policy coordination, facilities connectivity, unimpeded trade, financial integration, and people-to-people bond. With the emphasis on infrastructure build-up, economic and trade cooperation, industrial investment, energy resources development, financial support, people-to-people exchanges, ecological environmental protection, and marine cooperation, the initiative has set off a new momentum in investment, trade activity, technological innovation, and production capacity cooperation in the world. In 2016, China led the establishment of the Asian Infrastructure Investment Bank (AIIB), which was joined by 57 member states. As of June 26, 2018, after six expansions, the total number of members increased to 87, and 28 projects had been carried out in 13 countries. The Bangladesh Power Distribution System Upgrade Expansion Project, the Indonesia National Shanty Town Transformation Project, the Pakistan National Highway Project and the Tajikistan Dushanbe-Uzbekistan Border Road Improvement Project have received financial support from the AIIB. The idea of joint project implementation through consultation to meet the interests of all has since turned into reality .

The "Belt and Road" initiative has drawn strong and positive feedback from the international community. On November 17, 2016, the 71st session of the 193 members of the United Nations General Assembly unanimously endorsed the adoption of resolution A/71/9 to welcome the "Belt and Road" proposal, encouraging all of its member states to boost economic development of Afghanistan and the region through participation in the proposed project. In addition, it called on the international community to provide a safe and secure environment for the implementation of the initiative. On March 17, 2017, the United Nations Security Council voted unanimously to adopt resolution NO. 2344, and called on the international community to rally assistance to Afghanistan, and strengthen regional economic cooperation through the "Belt and Road" initiative, etc. It also urged all parties to provide a safe and secured environment for carrying out the program.

In January 2017, President Xi Jinping delivered a keynote speech at the United Nations Office at Geneva titled "Work Together to Build a Community of Shared Future for Mankind", comprehensively and systematically elucidated the fundamental idea of a community with a shared future for mankind, which echoed enthusiastically in the international community and was widely welcomed and highly applauded by many countries, organizations and political parties. At its 34th meeting, on March 23, the United Nations Human Rights Council adopted two resolutions on "economic, social and cultural rights" and "the right to food", which clearly stated the need to "build a community with a shared future for mankind". This is the first time the landmark concept of a community with a shared future for mankind has been incorporated into a UN Human Rights Council resolution, and it has become an important part of the international human rights discourse system.

The "Belt and Road" is not a solo play by China only, but a symphony played in concert with Asia, Europe, Africa and countries around the world. China abides by the purposes and principles of the UN Charter, advocates openness and cooperation, espouses harmony and inclusiveness, supports policy coordination, fosters political mutual trust, builds consensus on cooperation, coordinates development strategies and promotes trade facilitation and the institutional mechanisms of multilateral cooperation. China has joined hands with more than 100 countries and regions to co- create a new Eurasian continental bridge. This has been accomplished by taking advantage of international transport routes that are supportive of the central cities along the "Belt and Road", and building key economic and trade industrial parks as a platform for cooperation. China-Mongolia-Russia, China-Central Asia-West Asia, China-Pakistan, Bangladesh-China-India-Myanmar, China-Indochina Peninsula and other international economic cooperation corridors are progressing smoothly. China Railway Express accentuates trade and shipping overland between China and Europe with a bright future. Meanwhile, key sea ports also serve as the nodes to jointly build a smooth, safe and efficient transportation network, and hence enables a close connection between land and sea routes. Together with the overland cargo train transportation, the frequent cargo ships sailing on the Pacific, Indian and Atlantic Oceans poses an amazing picture. In summary, the relevant resolutions or documents of the Asia-Pacific Economic Cooperation, the Asia-Europe Meeting, and the Greater Mekong Subregion Economic Cooperation program all embody the "Belt and Road" initiative. By bringing together the world's wealth, Silk Road Fund, development finance, and supply chain finance strive to build a green, healthy, intelligent and peaceful Silk Road, and enhance the well-being of people around the globe.

The "Belt and Road" is a grand blueprint that has never been seen in human history. It is also a warm heart line that connects Asia, Africa and Europe to countries around the world. The Silk Road Economic Belt includes China via Central Asia, Russia to Europe (Baltic Sea), China via Central Asia, West Asia to the Persian Gulf, the Mediterranean Sea, China to Southeast Asia, South Asia, and the Indian Ocean; the 21st Century Maritime Silk Road includes from China's coastal ports to the South China Sea as well as the Indian Ocean that extends to Europe and the South Pacific. Friendly exchanges among countries are just a camel-ride and a boat trip away from each other.

In this new era and the great course of renovating the spirit of the ancient Silk Road, President Xi Jinping dedicated to cherish the pioneers of the Silk Road and particularly pay tribute to the founders of the spirit of the ancient Silk Road:

"In ancient times, our ancestors struggled through deserts and sailed in boundless seas to transport Chinese products to countries overseas, taking a lead in international friendly contact. Along that path, Kan Ying, Zheng He and Ibn Battuta were all known as envoys of this China-Arab friendship. Through the Silk Road, Chinese inventions like paper-making, gunpowder, printing and the magnetic compass were spread to Europe, and Arabic conceptions like astronomy, the calendar and medicine were introduced to China.

For hundreds of years, the spirit that the Silk Road bears, namely, peace and cooperation, openness and inclusiveness, mutual learning, mutual benefits and win-win results, has lived on through generations." [1]

There is a Chinese saying that when you drink the water, think of those who dug the well. The implication that the Chinese people never forget history is clearly demonstrated in our excellent

---

[1] Xi Jinping, "Promoting the Silk Road Spirit and Deepening China-Arab Cooperation." Key Note Speech at the Opening Ceremony of the 6th Ministerial Meeting of the China-Arab States Cooperation Forum, section one, People's Daily, June 6, 2014.

cultural tradition of commemorating the sages and at the same time looking forward to the future. It also points out the direction and path for the Chinese Biographical Literature Society to participate in the "Belt and Road" initiative.

On the ancient Silk Road, we have never forgotten Zhang Qian's twice diplomatic missions to the western regions in Han Dynasty that include Kazakhstan, the good neighbor Pakistan with high mountains and beautiful rivers, the double-headed eagle across Eurasian country Russia, grassland country Mongolia, Himalaya floating paradise Nepal, Bodhi Ganges blessed country India, cultural treasure Iran, the first Codex System member country Iraq, Red Sea gateway Yemen, oil kingdom Saudi Arabia, the Persian Gulf pearl Bahrain, cedar country Lebanon, Gulf Star Kuwait, desert peak UAE, the Peninsula pearl Qatar, and Oman—the gatekeeper of Hormuz Strait at Persian Gulf, thousand-lake country Belarus, Turkey at the Eurasian crossroads, Israel—a land flowing with milk and honey, Ukraine of European granary, Italy—the cultural pinnacle of Apennines, Switzerland at the top of Alpine, rose country Bulgaria, and Germany, a nation famous for great thinkers, France, the center of the European culture, the welcoming and comfortable Belgium, tulip country Netherlands, the warm and sunny Spain, as well as the elegant Britain, pyramid country Egypt in North Africa, Ethiopia on the roof of Africa with the national flower of calla lily, the great Vanilla Island country Madagascar, and so on.

Along the Maritime Silk Road, we will come across Malaysia, the country of jungle gardens, garden country Singapore, the Thousand Islands country Philippines, and Indonesia, an emerald on the equator line. Down the Lancang-Mekong River all the way south, we will experience Vietnam whose land moistened by the Lancang-Mekong River, Thailand, the country of thousand Buddhas, the smiling country of Khmer Cambodia, and Laos, the "Land of a Million Elephants". On the Indian Ocean, we will also see the ocean pearl Sri Lanka, the ocean star Mauritius, the rich and abundant Brunei, the freedom seeker East Timor, the idyllic Maldives, and Australia, a country on the back of the sheep, New

Zealand, the back garden of God, and so on.

In the countries along the Belt and Road, those ancient and modern figures who have influenced the destiny of mankind, countries and nations for thousands of years and had dealings with China are still seen in today's textbooks, movies and television dramas. Their influence and charm are still felt by generations of young people.

Certainly, for the Chinese people, we are more familiar with the pioneers of the Silk Road. Have we ever remembered? Among the trail blazers of the Silk Road were Emperor Wu of Han Dynasty and his envoys, Emperor Li Shimin, the co-founder of the Tang Dynasty that epitomized a golden age and his countless subjects, the Song imperial court and numerous sages who continued good-neighbor practice and friendly maritime navigation, as well as the Yuan Dynasty warriors who led armored cavalry with shining spears, the Ming Dynasty figures who unified the country, and the Qing Dynasty characters who maintained a clear mind during global turmoil, as well as the modern individuals who, by learning from both the west and the east in a time of rapid change, had the courage to build a sea power nation. There were also the guardians of Dunhuang Mogao Grottoes known as the Silk Road Pearl, the generals who safeguarded the country and helped the neighbors, and the diplomats who convey information and messages between China and foreign countries. Without a doubt, it is our current era that features true heroes. We can not praise highly enough the contemporary people who have been plunging themselves into the development of the new Silk Road.

Hard work pays off, family line continues, wisdom passes on, and history pushes forward! The history of friendly exchanges and traffic between China and the West, which benefits the four continents, for more than 2,100 years has been nonstop. The "Chinese Dream" and "World Dream" in the 21st century have become the chord of our time for humanity's shared future, resounding on the "Belt, and Road." For this reason, in May 2017, Beijing welcomed thousands of leaders from all walks of life, including heads of government, former eminent statesmen, well-known entrepreneurs, distinguished experts and scholars from the "Belt and Road" countries, as well as leaders of international organizations to attend the "International Cooperation Summit Forum." This grand event of "Thousands of people's meeting" shared "solidarity, mutual trust, equality, inclusiveness, mutual learning and win-win cooperation"[1] and exchanged views on this "great undertaking benefiting of the people of all countries along the route."[2] This is a big day that should be remembered in the history of the Chinese nation and the world.

In the implementation of the "Belt and Road" initiative, the Chinese Biographical Literature Society that devotes to biography writing, takes as its the mission "telling the good stories" of the "Belt and Road", which is also the responsibilities entrusted to us

---

[1] Xi Jinping, *Promote Friendship between Our People and Work Together to Build a Bright Future*, Keynote speech at Nazarbayev University in Kazakhstan, September 7, 2013.

[2] Xi Jinping, *Promote Friendship between Our People and Work Together to Build a Bright Future*, Keynote speech at Nazarbayev University in Kazakhstan, September 7, 2013.

by the state.

Under the leadership of the China Federation of Literary and Art Circles and the guidance of the National Global Strategic Think Tank of the Chinese Academy of Social Sciences, the Chinese Biographical Literature Society, with its love for the family and the nation, a keen spirit of the age and the responsibility of writing decent biographies, by careful research, thorough planning and thoughtful organization, made an unwavering decision to devote itself to organizing and publishing the "The Legend of the People along the Belt and Road nations". These brilliant volumes of biographies tell the stories of nearly a thousand national characters, involving laborious work from hundreds of expert writers who had been writing day and night over years. Our gratitude extends to the China Intercontinental Press, for the publication and distribution. Thanks to their generosity and effort, readers now have the opportunity to read the vivid yet serious and interesting yet enlightened biographies of outstanding people from many nations.

Confucius said, "Humanity is of humans ." Let the brilliant

ideas of the wise men of all nations light up our path to explore the future of mankind.

The biographies are written for high ideals. Herein is the introduction.

President of the Chinese Biographical Literature Society

Director of the Editorial Board of

"The Legend of the People along the Belt and Road"

Dr. Wang Li

March 30, 2019

目 录

引 言

01 "16世纪的伏尔泰"
——伊拉斯谟　　　　　　　　015

02 荷兰"国父"
——威廉·奥兰治　　　　　　　035

03 法学界的"荷兰奇迹"
——雨果·格劳秀斯　　　　　　055

04 绘画大师
——伦勃朗　　　　　　　　　　073

05 近代哲学之父
——斯宾诺莎　　　　　　　　　091

06 微生物学领域的开拓者
　　——列文虎克　　117

07 绘画奇才
　　——凡·高　　141

08 蓝色大海的传说
　　——科内利斯·莱利　　159

09 坚定、热情的女王
　　——贝娅特丽克丝　　181

10 荷兰足球的传奇
　　——马尔科·范巴斯滕　　197

附录一：荷兰四宝　　　　　　　219

附录二：荷兰的节日和习俗　　　224

后　记　　　　　　　　　　　　229

Contents

Introduction

Father of the Fatherland: Willem Oranje	015
A Determined and Passionate Queen: Beatrix Wilhelmina Armgard	035
The Voltaire of the 16th Century: Desiderius Erasmus	055
The Highest Honor of Philosophy in the 16th Century: Baruch de Spinoza	073
The Dutch Miracle in Jurisprudence: Hugo Grotius	091
The Founding Father of Microbiology: Antony van Leeuwenhoek	117
The Legend of the Blue Sea: Cornelis Lely	141
The Greatest Master of the Dutch School: Rembrandt Harmenszoon van Rijn	159
The Painting Genius: Vincent Willem van Gogh	181
The Dutch Football Legend: Marco van Basten	197

Afterword

引 言

提到荷兰，人们的脑海里会想到海堤、风车、郁金香，以及荷兰宽容的社会风气。"风车王国""花卉大国"这些词便是人们对荷兰这个国家的美称。

荷兰位于欧洲西部，东面与德国为邻，南接比利时，西、北濒临北海，地处莱茵河、马斯河和斯凯尔特河三角洲，位于东经3°21'至7°13'、北纬50°45'至53°52'之间。荷兰国土南北最远端相距约300千米，东西最远端距离约200千米，总面积为41528平方千米，设12个省，下设443个市镇。荷兰的海外领地由圣俄斯塔休斯、萨巴、博纳尔3个海外行政区和阿鲁巴、库拉索、荷属圣马丁3个自治国组成，面积为980平方千米。如果将列支敦士登、卢森堡、摩纳哥这样的袖珍国家忽略不计，荷兰可算是欧洲最小的国家，略大于比利时（30528平方千米），仅相当于两个半北京（16410平方千米）。

古罗马时期，莱茵河以南地区先是属于"比利时高卢"省，后归"日耳曼行省"。这里的北部地区居住着许多日耳曼部落，南部则住着高卢人。这些高卢人在移民时期与许多日耳曼部落相融合，其中撒利恩法兰克人从这里迁移到高卢，并在公元5世纪建立起了强大的墨洛温王朝。中世纪时期，低地国家（大约包括现在的荷兰、德国西部部分地区和卢森堡、比利时、法国北部部分地区）存在着很多诸侯封建领地，到了16世纪初，因为复杂的皇室联姻，他们在神圣罗马帝国哈布斯堡王朝之下统一起来。16世纪以前，荷兰长期处于封建割据状态。16世纪初，受西班牙统治，结束了长期封建割据的状态。1556年，帝国皇帝卡尔五世（1519—1556年在位）退位，将西班牙和低地（被称为北方省）分给他的儿子腓力二世，将奥地利等其他地区以及哈布斯堡王朝正统分给他的弟弟斐迪南一世。就这样，北方省属于西班牙王国。

荷兰是世界上第一个建立资产阶级共和国的国家。1568年，为反抗西班牙国王的中央集权和对新教加尔文派的迫害，赢得民族独立，荷兰人民进行了长达80年的战争。

在时任荷兰北部七省执政党威廉·奥兰治的领导下，荷兰北部七省于1581年成立七省联合共和国，正式名称为尼德兰联省共和国。1648年，西班牙国王菲利普四世被迫签订《威斯特伐利亚和约》，正式承认荷兰独立。这是一个在人类历史上前所未有的国家，被许多历史学家称为世界上第一个"赋予商人阶层充分的政治权利的国家"。而这场独立战争的领导者威廉·奥兰治却在尼德兰各省正式宣布拥戴他为尼德兰君主的前夕遇刺身亡。他因自己的威望而被荷兰人民尊为"国父"，他的子孙世代在荷兰执政，并自1815年起成为荷兰王国的世袭国王，一直延续至今。他的家族标志性的橙色也因此成为荷兰的标志。尼德兰联省共和国的成立引起了世界格局的重大变化，使称雄一时的西班牙帝国受到了沉重打击而逐步衰败，同时也使荷兰摆脱了殖民主义的束缚，并在革命精神的鼓舞下迎来了17世纪这个荷兰的"黄金世纪"。获得独立之后，荷兰发展成为17世纪航海和贸易强国。荷兰的商船数目超过欧洲其他所有国家的商船数目总和，被誉为"海上马车夫"。荷兰还在世界各地建立殖民地和贸易据点。

到17世纪中叶，荷兰的全球商业霸权已经牢固地建立起来。此时，荷兰东印度公司已经拥有15000个分支机构，贸易额占全世界总贸易额的一半，悬挂着荷兰三色旗的10000多艘商船游弋在世界的五大洋之上。当时，全世界共有2万艘船，其中荷兰有1.5万艘，比英、法、德诸国船只的总和还多。1688年9月，一支庞大的舰队从阿姆斯特丹港拔锚起航，这些船上载着荷兰的最高执政官威廉三世和2万名荷兰士兵。威廉三世此行是受英国议会的邀请，前去保护英国国民的"宗教自由和财产"。

17世纪后期，荷兰开始衰落。荷兰先后与英国、法国交战，在海上，败于英国（英荷战争）；在陆地，败于法国（法荷战争）。1795年，荷兰被法国占领。18世纪后，荷兰殖民体系逐渐瓦解。1806年拿破仑之弟任国王，荷兰被封为王国，1810年并入法国，1814年脱离法国。翌年，荷兰和比利时、卢森堡成立荷兰王国（1830年，比利时脱离荷兰独立），1848年成为君主立宪国。荷兰在一战期间保持中立，在二战初期宣布中立。1940年5月，荷兰被德国军队侵占，王室和政府迁至英国，成立流亡政府。1945年，荷兰恢复独立。战后,荷兰放弃中立政策,加入北约和欧共体及后来的欧盟。1954年12月15日,荷兰通过《荷兰王国章程》,使荷兰的原殖民地和属地在王国内与荷兰本土享有同等地位。

荷兰是一个议会制君主立宪国,正式国名为尼德兰王国,亦译作"荷兰王国",简称荷兰,首都为阿姆斯特丹,政府所在地为海牙。荷兰的国家元首为奥兰治—拿骚家族成员担任的世袭君主,也就是我们常说的"国王"。荷兰最高行政机关是内阁,并以总理为内阁首长,统辖各部会。荷兰最高立法机关是两院制的国会,一院(参议院)有参议员75名,由各省推选,二院(众议院)则有150名议员,由人民直接选举,任期为4年。

荷兰是发达的资本主义国家,西方十大经济体之一。荷兰自然资源相对贫乏,但天然气储量丰富,2001年开采天然气约743亿立方米,自给有余,还能出口。荷兰工业发达,主要工业部门有半成品加工、石油化工、冶金、机械制造、电子、钢铁、造船、印刷、钻石加工等,原料和销售市场主要依靠国外。荷兰重视发展空间、微电子、生物工程等高技术产业，传统工业主要是造船、冶金等。鹿特丹是欧洲最大的炼油中心。荷兰还是世界主要造船国家之一。此外，荷兰的农业也很发达，是世界第二大农产品出口国（仅次于美国）。农业生产现代化，是世界主要蛋、乳出口国之一。荷兰自古便是贸易强国，60%以上的产品供出口，商品与服务的出口约占国民生产总值的80%。2022年，荷兰国内生产总值0.99万亿美元，人均GDP近5万美元。

  荷兰的正式国名叫尼德兰王国，"尼德兰"在荷兰语中是"低地"的意思，因其国土1/13以上低于海平面而得名。荷兰人民从13世纪起就开始了征服海洋的持久战，建风车、修堤坝、向大海要地，到19世纪末，荷兰全境共有12000座风车，最高的抽水风车高达9米。直至今日，荷兰全国还有约2000多座形状各异的风车，吸引着世界各地的游客前来旅游观光。荷兰北部著名的拦海大坝经过10年详细规划设计，于1927年开工，1932年完工，坝基宽220米，高10余米，全长32.5千米。该拦海大坝是号称地球上两处可从卫星上看到的人工建筑物之一，它将荷兰的海岸线缩短了300千米，并通过在堤坝内围海造地，新造出了一个省——

弗莱沃兰省。该省的省会城市以拦海大坝的设计者、荷兰著名的水利工程师莱利的名字命名。荷兰南部举世闻名的三角洲工程持续施工近40年,建造了总长度16500千米的防洪大坝,可阻挡万年不遇的特大海洪,可排放河涝,让船只通过,还可成为连接三角洲各岛之间的桥梁,变成荷兰西南部重要的交通要道。三角洲工程被外国专家誉为"登月工程""现代世界七大奇迹之一"。风车、大坝也显示了荷兰人民征服大自然的决心和勇气。

  荷兰素有"欧洲花园"的美称。郁金香是荷兰的国花,荷兰人民酷爱这种花,家家栽种,代代相传。每年四月至五月期间,荷兰大地就会被鲜花"淹没"。位于阿姆斯特丹附近、面积约32公顷的库肯霍夫公园享有"欧洲最美丽的春季花园"的美誉,700多万株鲜花在园内竞相绽放,郁金香、风信子、水仙花、百合花等五颜六色的花卉将公园装点成了花的海洋,仅郁金香的品种就超过了1000多个。荷兰人不仅爱花,而且懂得如何"点花成金"。荷兰目前鲜花种植面积44430英亩,花卉产量占农业总产量的3.5%,其中郁金香占荷兰花卉总产量的47%,每年培育郁金香球茎 30 亿个。

木头鞋也是享誉世界的荷兰国宝之一，在荷兰流传至今已有几百年的历史，是荷兰最具民族色彩的民俗体现。直至今日，许多家庭在孩子出生后仍要准备一双小木头鞋，去教堂接受洗礼时穿在孩子脚上。木头鞋在荷兰还是订婚的信物。按照传统，男女青年订婚时，男方要亲手做一双漂亮的木头鞋作为信物赠送给女方。荷兰人还很愿意将木头鞋作为礼物来馈赠亲朋好友。郁金香、木头鞋展现了荷兰人改造大自然的智慧。

荷兰为欧盟和北约成员国，对外政策以欧洲为重点，同时强调美国在欧洲的存在是欧洲安全与稳定的重要保证，并主张在加强北约的同时，西欧国家制定共同外交和安全政策以加强北约成为欧洲安全支柱。荷兰是北约成员国，其主要军事力量均交由北约统一指挥。长期以来，荷兰与世界其他国家都有着密切关系，也重视和中国的关系发展。

中国与荷兰两国交往的历史可以追溯到 400 多年前，从中国的广州港到欧洲大陆的门户——荷兰鹿特丹港，海上丝绸之路把中荷两国联系在了一起。荷兰商船源源不断地把中国的茶叶、丝绸、瓷器等运往欧洲,成为中荷、中欧交往的一个重要窗口。在欧洲享有盛誉的荷兰代尔夫特蓝瓷,以及欧洲最早的汉学研究中心——莱顿大学汉学院,都因这条海上丝绸之路而产生。第二次世界大战中,中荷两国人民曾浴血奋战,携手抗击法西斯侵略,为世界的和平与正义事业作出了重要贡献。中荷两国关系在风风雨雨中不断前行。今天,中荷两国关系已经进入加速发展的快车道,迎来了有史以来的最好时期。被称作"欧洲的中国人"的荷兰人同中国人有着非常多的相似之处:淳朴、勤奋、包容、善良,都是双方共有的特质,这对推进两国务实合作,加强民间友好往来都十分有利。2020年中国成为荷兰在欧盟外第一大贸易伙伴,2021年首次突破千亿美元大关,成为欧盟内第二个对华贸易规模达千亿美元量级的国家。据驻荷兰王国大使馆经济商务处公布数据显示,2020年中国对荷直接投资达49.38亿美元,同比增长近27%,占当年对欧盟投资总额近一半。荷兰对华直接投资达25.5亿美元,在欧洲地区居于首位。2021年中国对荷直接投资达17亿美元,排中国对外投资流量第12位;荷兰在中国新设企业176家,投资额11.1亿美元（在欧盟仅次于德国）。截至2021年末，中国对荷直接投资存量达284.9亿美元，在中国对外直接投资存量中排名第7位；荷兰对中国投资存量达249.5亿美元。事实证明，中荷经贸额多年来强劲增长，2022年贸易额达到1160多亿美元，双方相互投资的项目和投资额也在蓬勃发展。荷兰的奶制品、郁金香、啤酒在中国几乎家喻户晓，荷兰在水利、农业和环保技术等领域的先进经验技术也在中国各地得到大力推广。2014年3月，中国国家主席习近平携夫人对荷兰进行首次国事访问取得了巨大成功，两国共同发表了关于建立开放务实的全面合作伙伴关系的联合声明，把中荷两国友好合作关系提升到了新的高度。双方有关政府部门和企业还在农业、金融、能源、电信、船舶、航空等领域签署了多项合作协议，金额超过30亿美元。习近平主席携夫人对荷兰的这次访问为未来中荷关系发展描绘了新蓝图，提供了新动力。

中国政府提出的"一带一路"倡议为两国的友好合作关系发展提供了难得的契机。2014年，时任中国政协副主席杜青林在访问荷兰期间表示："400多年，前古丝绸之路把两国人民紧紧联结在一起,中荷友好关系经受了时间和实践检验,并深深植根于人民心中。中方愿与荷方一道,落实习近平主席访荷重要成果,推动双边合作迈上新台阶。"他强调:"中国提出的'一带一路'战略构想,融通古今,连接中外,是心灵的桥梁、友谊的桥梁、合作交流的强梁,符合中荷两国共同利益。我们应把握机遇,深挖潜力,将双方友好合作转化为惠及两国人民的宝贵财富。"2015年,时任中国驻荷兰大使陈旭在接受荷兰记者采访时特别指出:"我们两国都充分认识到,应该充分发挥荷兰作为欧洲门户以及中荷在欧亚大陆之间领先的全方位互联互通的独特优势,结合中国最近提出的'一带一路'倡议。我相信中荷两国和两国人民未来的联系将更紧密。"2017年,时任中国驻荷兰大使吴恳在接受中央电视台"一带一路"特别节目组采访时表示:"中荷两国交往源远流长,今天荷兰作为欧洲的门户,在'一带一路'倡议背景下具有独特的优势和作用。'一带一路'倡议得到了荷政府、企业各界人士的积极响应,中荷双方在此框架下合作充满热情,除传统的贸易合作外,双方投资合作规模不断扩大,尤其中国企业近年来对荷投资表现突出,对当地社会产生了积极影响,受到荷方高度评价。"

2015年,荷兰国王威廉—亚历山大在访问中国期间也表示,"这是一个'巨大机遇',值得全世界与中国合作"。他强调,"'一带一路'将为地处欧亚大陆东西两端的中国和荷兰带来重大影响"。

2017年是中荷建立大使级外交关系45周年,中荷两国与两国人民之间再次掀起中荷各领域务实合作的新热潮。"一带一路"的发展建设必将会使两国之间的联系更加紧密,也必将成为中荷双边关系中的新亮点。

荷兰这个仅有1600万人口的小国涌现出了许许多多伟大的人物,如荷兰君主制国家的开国国王威廉一世和坚定而热情的、深受百姓爱戴的女王贝娅特丽克丝;伟大的哲学家、被称为"16世纪的伏尔泰"的伊拉斯谟和被授予"16世纪哲学的最高荣誉"的斯宾诺莎;杰出的艺术家、17世纪的绘画大师伦勃朗和19世纪印象派画家凡·高;法学界的"荷兰奇迹"雨果·格劳秀斯;微生物学领域的开拓者列文虎克;填海造陆的土木工程专家科内利斯·莱利,以及荷兰足球的传奇马尔科·范巴斯滕等。仅在化学、物理等学科荣获诺贝尔奖的荷兰人就有十多位。荷兰人以他们"坚持不懈"的民族性格,建立了繁荣的经济与灿烂的文化,创造出了荷兰王国辉煌的历史,为人类文明进步作出了卓越贡献。

荷兰实行君主立宪制,国王由拿骚家族成员担任。但是,在荷兰的历史上,有资格、有能力被人们称作"国王"的人就只有开国元勋——威廉·奥兰治一人。威廉·奥兰治,即威廉一世(1533—1584年),也称"沉默者威廉",出身于拿骚伯爵家族,荷兰奥兰治王朝的开国国王(1584年在位),被尊称为"荷兰国父"。1568年的"捣毁圣像运动"揭开了荷兰反抗西班牙统治、争取独立的序幕,在威廉·奥兰治的带领下,荷兰反抗西班牙统治的独立运动取得胜利。在人民的拥戴下,他定于1584年加冕,不料在加冕前的7月10日被害,享年51岁。荷兰国歌《威廉颂》所咏唱的就是威廉·奥兰治。

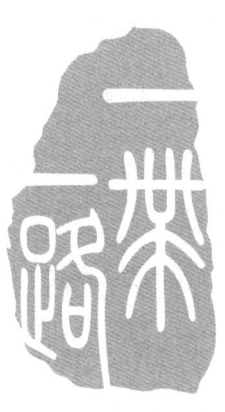

"16世纪的伏尔泰"
——伊拉斯谟

荷兰的鹿特丹港口有一座举世闻名的青铜雕像。雕像是一个穿着教士服装的老人,这个人名叫德西德里乌斯·伊拉斯谟。他目视前方,眼神忧郁又坚毅。在雕塑的底部,有一句用荷兰文写成的话:"我亲爱的上帝"。海风一年又一年地吹拂着,日出日落,潮涨潮息,这座雕像却始终屹立在鹿特丹港,每年都有很多来自世界各地的人们来此参观游览。

德西德里乌斯·伊拉斯谟(约 1466—1536 年),出身于鹿特丹城一个神职人员家庭。他早年一直在教会学校上学,1495 年去巴黎大学深造,结识了一些人文主义者,使他对人文主义的认识更加深入,并长期致力于人文主义思潮的传播和教学。1509 年,他的代表作《愚人颂》出版,20 世纪伟大的文学家斯蒂芬·茨威格评论它"是通往宗教改革的炸弹"。文艺复兴时期,他坚持自我,强调个人的自由和人格层面的尊严,主张把被压抑的人性从神权的阴影下解放出来。他是荷兰历史上著名的神学家和哲学家,更是文艺复兴时期人文主义的先驱,曾有人称他为"16 世纪的伏尔泰"。

01 / 自由思想的诞生

1466年的一天,鹿特丹港大部分的渔船尚在休眠中,天还没有亮,教堂的钟声已经开始敲响。此刻,海风习习,温暖又舒适。再过片刻,渔船里睡着的渔夫们就该从梦中醒来,装好渔网,拉好桅杆,新的一天即将起航。当时的荷兰还在中世纪的余韵中缓慢发展,教堂、钟楼随处可见,神父们更是大多数人生活中不可缺少的倾诉对象,几千年来,人们就是这样生活。

鹿特丹城内的在职神父有近1000人,盖哈尔兹神父就是其中的一个。盖哈尔兹娶了城里一位医生的私生女为妻,1466年10月27日的下午,他们的孩子——伊拉斯谟出生了。小男孩刚刚出生的时候,父亲给取的名字并不叫伊拉斯谟,而是叫盖哈尔得·盖哈尔兹。中世纪的修道院讲究经学,提倡苦修,神父们大多比较古板严肃,伊拉斯谟的父亲盖哈尔兹就是这样一位典型的神父,死板严肃,又不懂得变通。盖哈尔兹有着当时普遍存在的大男子主义,在家里喜欢以命令的口吻对待妻子和孩子。盖哈尔兹太太则是一位典型的家庭妇女,没有主见,从来不自己做决定,以丈夫为天,事事依赖丈夫,勤劳、沉默又懦弱。在这样的家庭氛围下,夫妻两人一直以为会生出一个同样严肃刻板的听话儿子,可他们的儿子伊拉斯谟偏偏崇尚自由,从小就不喜欢被管教,在众多的孩子中成了一个另类。

伊拉斯谟小时候的家庭状况并不怎么好,童年时期进入的第一所学校是一个很不正规的教会学校,教学质量低劣,教师们死板又严厉。中世纪的教会学校大都是哥特式建筑,孩子们大都寄宿在校,住集体宿舍,一起去食堂吃饭。每天清晨时分,天刚微微亮,孩子们就被喊起来做祷告,然后才吃早饭。那时候的国文课和宗教课是合二为一的,教会的势力深入到人们生活的各个方面。荷兰文编写的经学课程往往烦闷又压抑,但处于老师的严厉教育之下,很多小孩子还是努力做出一副认真听讲的样子,不然可是会被老师的戒尺教训。六七岁的小孩子大多数还很稚嫩,夜晚的时候,经常会有小孩子因为想家而哭闹,但小小的伊拉斯谟却丝毫不受影响。在他的心里,家里死气沉沉,父亲

"16世纪的伏尔泰"——伊拉斯谟

喜欢管东管西,母亲又老是唯唯诺诺,还不如待在学校自由。"野孩子"伊拉斯谟一个人在教会学校里倒是过得别有一番滋味。

伊拉斯谟小时候很调皮,他会在国文课上偷吃东西,惹得边上的同学偷偷发笑;也曾在清晨祷告时偷偷打瞌睡,只因前一天晚上一个人溜出宿舍捉青蛙;他还曾经在凌晨时分一个人偷偷爬上塔楼,欣赏美妙星空。年少的伊拉斯谟是学校里让众多老师头疼的对象。整个校园的氛围严肃安静,可他偏偏是一只活泼的鸟儿,除了上帝,谁也不能令他信服。他讨厌那些故弄玄虚、装作一本正经的样子的伪道学家们。

据记载,从14世纪末期开始,"文艺复兴"的潮流逐渐席卷了欧洲大陆,民主和自由的风潮逐渐散播开来,人们的思维将经受崭新的洗礼。从信仰、爱好到生活方式,变化刚开始进行得很缓慢,但是这股革新的势头已经无法阻挡了。在伊拉斯谟9岁的时候,因为搬家,转学去了离新家不远的一所学校。这次伊拉斯谟是幸运的,他被家里人送到了文特的一所名叫圣·利宾的教会学校,虽然这也是一所教会办的学校,但是相对于之前伊拉斯谟所待的那所学校而言,不知道强了多少倍。在这里,人文主义的风潮已经影响到了学校的很多教师。之后,在这里9年的学习生活中,伊拉斯谟受到了墨吉斯、阿勒克山德尔和兄弟会等多方的影响。

在圣·利宾教会学校的生活是悠闲而愉快的,伊拉斯谟在老师的影响下,对西方早期的古典文学和哲学思想产生了极大的兴趣。他大部分的课外时间都在看书,柏拉图的思想令他赞叹,亚里士多德的理性思潮令他沉迷。9年的时光里,他阅读了图书馆里大多数的藏书,为今后从事哲学和宗教事务打下了扎实的理论基础。1484年,伊拉斯谟18岁,父亲患病去世。父亲一向是家里的大家长,他的去世无疑是一件天大的事情。父亲安葬以后,伊拉斯谟的监护人便把他送到了另一所教会学校接受学习,为他未来的修道士生活做准备。这是家里人安排好的路,即使内心无奈不已,伊拉斯谟也只能默默接受。从1484年到1492年,他的生活状态是机械的,每天吃饭睡觉、背诵经文、听主教讲经……

"16世纪的伏尔泰"——伊拉斯谟

从心底里来讲,伊拉斯谟愿意成为一名神父,他有信心自己能在这个领域做得比父亲更出色,而且他愿意侍奉上帝,为穷人排忧解难,但无处不在的教会色彩有时候令他感到窒息。好在这无聊沉闷的生活在1492年终于画上了休止符。伊拉斯谟顺利地通过了神父考核,成为一名合格的神职人员。1495年,为了能在神学上有更大的造诣,伊拉斯谟离开鹿特丹,前往巴黎大学深造。巴黎是人文主义发展比较迅速的地方,伊拉斯谟迫切地期望能在那里学到些新的东西。来到巴黎后,他逐渐结识了一些人文主义者,这些人的出现让伊拉斯谟对于人文主义的认识更加深入。1499年,伊拉斯谟去英国传教,一个偶然的机会使他结识了早期的空想社会主义者托马斯·莫尔,他的思想远远超前于当时的时代。在我们今天看来,空想社会主义理论是不成熟的社会主义理论的雏形,但在当时的社会条件下,这是让伊拉斯谟感到震惊的理论学说:宗教的存在是为了统一意识形态,让社会平静安稳,进一步让人们过上平稳的生活,这是伊拉斯谟所追求的目标,但这个目标的实现也有巨大的阻力。当时的社会并不安稳,教会只想加强控制,君主要的是维护自己的统治。在这种压力下,受苦受累的永远只有贫困的大多数劳动人民。贵族们生活奢靡腐败,挥金如土,僧侣们只是借着宗教的外衣追寻现世安稳。讲经的人并不是发自内心地忠诚于上帝,他们贪图眼前的利益,胡言乱语,应付日常的工作,更有甚者,甚至每天在私底下纵情声色,十分恶劣。这一切的情况伊拉斯谟都看在眼里,他感到无比的痛心疾首,但是他管得了自己,却管不了别人,这让他一度十分无奈。巴黎大学作为当时闻名各国的高等学府,也没能避免这种情况。浮夸的学风和固化的教学模式令伊拉斯谟深恶痛绝,于是他索性放弃了巴黎大学的课程,在他眼里,那种无用的经院式的哲学讲座没有任何实际意义,不听也罢。他招了几个学生,按照人文主义的思想来教导他们并取得了良好的成效。但是,由于他长期致力于人文主义思潮的传播和教学,忽视了他的牧师工作和本应遵守的戒律,遭到教会的批评和抨击。但是,他对此并不在意,他坚信自己正在做的事情才是真正有意义的事情。伊拉斯谟十分聪明,虽然他讨厌传统教会经学,但是他良好的记忆力使他能够记住大量的典籍和优秀作品。在讲课时,他往往出口成章,给学生巨大的启示。不久之后,他的名气越来越大。

02 / "不走寻常路"的神学家

慢慢地,伊拉斯谟成为人文主义团体中的一员,并和英国最杰出的人文主义学者们保持了长达几十年的交流,建立了深厚的友谊。此后,为了增加自己的见识,伊拉斯谟去了欧洲各国游历,目睹了大量的社会现实。他发现,教会干预平民日常生活、控制民众信仰自由的现象在各个国家都存在,每个国家的教会都有自己的一套法规和繁文缛节,但是这些规则往往流于形式,并没有什么实际的价值,不能为信仰基督教的民众带来真正意义上的幸福。看得越多,见得越广,伊拉斯谟就越是怀念原始基督教的形态。他迫切地希望教会能从那些无用又烦琐的宗教仪式中解脱出来,干一些真正有意义的事情。

为了能够了解更多的人文主义作品，以及时下最流行的文艺和科学成果，伊拉斯谟自学了拉丁文。1499年，威廉·布朗邀请伊拉斯谟一起回英国游学，伊拉斯谟同意了好友的建议。在英国的时候，他和英国的人文主义领袖托马斯·莫尔、约翰·费舍尔等人交往甚密，建立了深厚的友谊，就连当时的英国君主亨利八世也被伊拉斯谟的个人魅力所吸引，主动前往拜访。

那时，最早进行资产阶级民主革命的国家是英国。在政教斗争的浪潮中，君主最先对资产阶级的民主思想表示赞同，因为这更有益于国家的进一步发展。当文艺复兴的风潮刮进剑桥大学后，随处可见激动的年轻人。在剑桥大学任教期间，伊拉斯谟非常受学生们的喜爱，他的讲课方式比较自由，富有人性化。他反对学生为了应付考试而死记硬背，主张独立思考，这极大地激发了学生思考的勇气和探索新事物的热情，为剑桥大学人文学科的建立作出了自己的贡献。在1505年结束游历之后，伊拉斯谟同好朋友莫尔合作，将古代诸位自由思想家的著作进行了整理并重新出版。也正是在这个时候，皇室御医博伊利奥看中了伊

"16世纪的伏尔泰"——伊拉斯谟

拉斯谟在教育上的才华，支付高额的报酬，聘请伊拉斯谟当他的两个孩子的私人家庭教师。1506年，伊拉斯谟去意大利的都灵大学进修神学，用一年的时间拿到了博士学位。

1511年，他的著作《愚人颂》出版。《愚人颂》对教会的腐朽进行了猛烈抨击，某些用词十分大胆又不失客观，对老百姓的贫苦生活表示了同情。《愚人颂》不仅是一部宗教领域的巨著，在文学领域也有不小的反响，有文学家称赞这本书为"文学史上最为精彩的讽刺体篇章"。《愚人颂》成为伊拉斯谟的代表作之一，闻名于世，一直流传到现在。据说，这本书是伊拉斯谟在拜访英国的托马斯·莫尔爵士的时候，用仅仅一星期的时间写成的。伊拉斯谟写过不少著作，其中很多书都从理论的角度探讨了神学和哲学的问题，而《愚人颂》则不同。这本书并不厚，更像是一本小册子，通俗易懂、易于传阅，所以在出版后没过多久就广为流传。伊拉斯谟认为，推动世界发展和运动的因素是非理性的、愚蠢的欲望。世界上的每一个人，上至尊贵的君主和教皇，下到沿街乞讨的乞丐，每个人都有自己想要得到的东西。伊拉斯谟借着"愚人"的语言，对当时社会上的各种贪婪、虚荣和不平等的现象一一进行了讽刺。在他看来，各个阶层的人们都有自己的弊端，甚至连试图揭开大自然奥秘、探索未知世界的科学家们有时候也是愚蠢的。人类的每一次追求都受到了愚人的"关照"。20世纪伟大的文学家斯蒂芬·茨威格评论《愚人颂》："除去表面上敷衍的狂欢面具，《愚人颂》称得上是当时世界中最危险的书之一。它表面上像一朵诙谐的烟花，但实际上却是通往宗教改革的炸弹。"

伊拉斯谟本来有机会在剑桥大学工作一辈子，可是从1510年起，他的身体状况出了问题，只好在王后学院兼职代课，以便腾出更多的时间来休息。当时他患上了胆结石，一旦发病就疼痛难忍，只能靠酒精来缓解疼痛。但是，在生病期间，伊拉斯谟并没有放弃神学研究。作为一名虔诚的基督教徒，他坚持做祷告，每个周末都去教堂做礼拜，从来没有因为生病而改变自己多年的习惯。在这期间，他结识了圣经老师约翰·柯莱特。他一直都坚持认为《圣经》是西方天主教、东正教、基督教等一系列宗教最重要的典籍，在教徒的心中是无法替代的，所以学习《圣经》也就成了一门必修课。柯莱特性格温和可亲，待人接物很有风度，讲起《圣经》来

"16世纪的伏尔泰"——伊拉斯谟

更是不疾不徐，内容淳朴，语言亲切，他的这些品质都让伊拉斯谟非常欣赏。《圣经》有众多版本，也被翻译成不同的语言，但是并没有希腊文版本的《圣经》。在约翰·柯莱特的启发下，伊拉斯谟开始孜孜不倦地攻读希腊语，准备将《圣经》翻译成希腊文，造福更多的教徒。伊拉斯谟坚持学习了3年的希腊文，终于将《圣经》翻译成了希腊文。1514年，伊拉斯谟曾经所在的修道院要求他返回，然而此刻的伊拉斯谟已经获得了教皇的豁免权，能保持自己在宗教事务上的独立性，这在当时是十分了不起的成就。1516年，他发表了《希腊语圣经新约批注》，对当时积固成疾的宗教理论进行了深刻的批判，抨击了宗教偏见，提倡信仰自由，指出教徒应该保持内心的虔诚，而不是一味地听命于教会，成为教会的傀儡。拉丁文版本的《圣经》中有许多错误，通过大量的考证，《希腊语圣经新约批注》对这些错误做了纠正，成为一部了不起的希腊文书籍典范。现在，在许多国家的希腊文课程中，还将这本书列为必读书目，由此可见伊拉斯谟的影响力到底有多大了。这本书一经出版就销售一空。1519年，这本书的第二版开始销售，1522年第三版开始发行，从客观上推动了英文版《圣经》的翻译工作。丁道尔参考了第三版《希腊语圣经新约批注》的内容，将其翻译成了英文版。1550年，罗伯特将丁道尔翻译的版本做了进一步的完善，建立了《日内瓦圣经》和詹姆士的英文版《圣经》的基础。而《希腊语圣经新约批注》的第四个版本中，不仅有希腊文的批注，而且还加入了拉丁文的批注，内容更加全面，收录的典籍也更多、更完备。在出版《希腊语圣经新约批注》的那一年，伊拉斯谟回到了自己的国家荷兰。

相对于正儿八经的神职人员而言，伊拉斯谟真称得上是不走寻常路。"神职人员"，顾名思义，就是服务于上帝，在教会工作的人。伊拉斯谟对于天主教的虔诚毋庸置疑，但是他不同于一般的神父和宗教人士的一大特点就是，从来不盲从。他忠诚的对象永远只有一个，那就是自己的信仰，而对于教会，他的态度就严肃多了。如果说穷人或是学生请伊拉斯谟讲经，多数情况下他是不会推辞的，因为他觉得作为一名合格的教徒，应该遵循上帝的旨意去帮助一切需要帮助的人。但要是富有的教会邀请他做学术报告，他却不一定会去。对于伊拉斯谟来说，最重要的并不是在哪里传教或者讲经,而是面对的对象是谁。高贵的思想并不是必须在华丽的殿堂里才能够得以交流,只要有听众,有信仰,哪里都可以攀登灵魂的高峰。当宗教被世俗社会的恶习同化的时候,连信仰也变得越来越有目的性,一点儿都不纯粹,这不是他想要的东西。伊拉斯谟不止一次地呼吁和号召宗教人士回归原教旨主义,多注重传教的内容,而不要过于肤浅,仅仅流于形式。

03 / 处于"宗教改革"的浪潮中

1514年至1521年,伊拉斯谟在比利时的鲁汶的一所研究《圣经》文字的新学院。在那里,他见证了宗教改革运动的兴起。伊拉斯谟的著作给了宗教改革先锋马丁·路德灵感,希望伊拉斯谟能支持并积极参与改革运动。从很小的年纪起,伊拉斯谟就意识到了教会的弊病,所以马丁·路德的"宗教改革"思想一提出,就得到了他的大力支持。伊拉斯谟和马丁·路德一见面，就对彼此的才华互相欣赏。他们都支持宗教改革运动，两个人十分默契，工作进行得十分顺利。当时，意大利教皇推出了一项新的举措——赎罪券，表面上是以金钱换取上帝的赦免，但本质上是牟取暴利。然而，对上帝深信不疑的民众根本不知道这其中的深意，赎罪券的推行受到了广大无知民众的欢迎。如果仅仅凭借赎罪券就能清洗掉所有的罪恶，让灵魂在死后升入天堂的话，那么只要有钱，无论罪孽多么深重，死后都可以被原谅。这种购买赎罪券的行为为偷奸耍滑的人们提供了继续作恶的借口，也让很多没有文化的信徒家破人亡。教会借此横征暴敛，积累了大量的财富。穷人们的贫困不光是物质上的，更是认知层面的，他们混淆了信仰真正的上帝与信仰教会的区别，而教皇正是借助他们的这种愚昧与无知，将这些信徒的精神生活牢牢地控制在自己的手里，因此，社会更加贫穷，也更加不安稳。当时，也有穷人站出来反抗，但是力量太小，还来不及爆发就被教会掐死在萌芽状态。在这种情况下，民间急需一位领导者，而马丁·路德就充当了这样的角色，伊拉斯谟则是马丁·路德宗教改革的最佳助手。

但到后来，两人也因为意见不合出现了分歧。伊拉斯谟有自己的哲学体系，他认为纯正的教义可以在以往的文献资料和《圣经》原文中获得，试图通过自己的努力消除中世纪教廷中泛滥的形式主义风潮，一切从简。对于各种各样烦琐而无意义的、以修行和升入天堂为最终目的的宗教哲学十分鄙视，他认为信仰从来就不应该是功利性的活动。马丁·路德对于相关问题的看法也类似，这是他们两人的共同点。但是，在对待教会的某些方面，他们两人的处理方式却不同。马丁·路德提倡清修，而伊拉斯谟并不主张公然对抗教会，看法要温和得多。他认为自己可以充当大公教会的教师，通过个人努力来改良教会中存在的恶习。他对于教会的要义是忠诚的，而马丁·路德则希望完全地改革现有教会中一切不合理的行为，进行一次彻彻底底的宗教改革，这是他们发生冲突的最本质原因。最终，马丁·路德的宗教改革措施得到了实施，并取得良好的效果。

在之后的10年里，伊拉斯谟被卷入了一系列的辩论之中。伊拉斯谟最终保全了自己学术地位的独立性，但是却没有在宗教改革的浪潮中获得支持。之后，他成了孤独的少数派。1524年，伊拉斯谟的《论自由意志》出版。在这本著作中，他对马丁·路德宗教改革的一些措施进行了批评与抨击，并不赞同马丁·路德关于神学的核心要义。

伊拉斯谟与宗教改革运动的关系越来越疏远。伊拉斯谟主张改革，但不参与改革运动。此后他坚持写作，编订古教父的著作，并写教义问答，论十诫，论主祷文等。尽管经常陷入辩论的旋涡，也少不了被马丁·路德的支持者们各种炮轰，但伊拉斯谟仍旧坚持自己的学说与主张，不向大多数人低头。当时，路德的教徒们对于异教徒的典籍和经文都采取销毁的方式，对此，伊拉斯谟并不认可。他说过："医治一个病人要比杀害一个病人要好得多。"他似乎永远是宗教世界的另类存在，他支持宗教改革，却成了这里面的少数派，有时候连他自己都感慨无比。然而，伊拉斯谟的人格魅力也正在于此处，无论是《论自由意志》，还是《愚人颂》，抑或是他早年用希腊文翻译的《圣经·新约》，这些书里都闪烁着伊拉斯谟独有的人性光辉。在追寻真理的路上，他可能是孤独的，但是他自始至终坚持自我，用一生的时间追寻个人的自由和人格层面的尊严。

达尔文说过，物竞天择，适者生存，这条规律自从被提出，

"16世纪的伏尔泰"——伊拉斯谟

就获得了广泛的认可。通过千年的探究,我们可以从世俗社会得出以下认识:话语权永远集中在少数人的手里,一直到当代社会还是这样。倒退到距今几百年前的中世纪,规律是这样演绎的:富人和权贵们不仅物质生活丰富,而且还控制着被压迫者的信仰和精神的独立性。从这个角度来看,伊拉斯谟所做的一切,就是为了把被压抑的人性从神权的阴影下解放出来。人应该自己思考,而不是迷信权威和绝对力量。

文艺复兴以来,人的解放浪潮一声高过一声。在早些年代,妇女和儿童的权益是不受法律保护的。随着历史进程的推进,女权主义运动才逐步兴起和壮大,直到现代,女人才获得了与男人平等的权利。而这一切的运动都少不了理论的支撑,在这些理论中,伊拉斯谟的著作绝对不能被忽视。

伊拉斯谟晚年的生活并不顺遂。虽然他一直忠于天主教,忠于罗马教廷,但是直至死亡,他也没有得到罗马教皇的认可,也没有进行天主教会的最后仪式。1536年,伊拉斯谟在准备移民国外的时候,突然染上了痢疾。那时他年事已高,身体状况大不如前。因多年以来一直过的是独居生活,他在得病很久之后才发现自己的病症,加之无人照料，没过两个月就去世了。在去世几天后，他的尸体才被人发现。不久之后，巴塞尔大教堂的神父们为伊拉斯谟举办了盛大的葬礼。然而，在他去世后，天主教指责他在整个新宗教改革运动中发挥了重要作用。1557年，教皇保禄四世将伊拉斯谟的所有作品都列为禁书。后人铭记他对于神学和哲学的贡献。1622年，鹿特丹铸造了一座伊拉斯谟的雕像。站立的伊拉斯谟正低着头，聚精会神地读一本厚厚的书。1521年，伊拉斯谟曾居住过的比利时布鲁塞尔的房子至今依然保存完整，成了"伊拉斯谟之家"。以他的名字命名的鹿特丹伊拉斯谟大学也成了欧洲乃至世界知名的学府。荷兰先女王尤利亚娜的丈夫伯恩哈德王子于1958年设立了伊拉斯谟奖，以奖励那些对文化领域有特殊贡献的人。2011年，在《愚人颂》出版500周年之际，比利时发行了一枚精致银币来纪念这位伟大的学者。这枚银币同时也是"欧洲著名人物"系列之一。直至今日，伊拉斯谟的思想遗产仍旧在影响着人们的生活。

王成军

荷兰"国父"
——威廉·奥兰治

01 / "新时代的创造者"

这个被人们称为"国王"的人名叫威廉·奥兰治，1533年4月24日出生在拿骚伯爵家族。这个家族很厉害，也很强大。15世纪的时候，这个家族已经因为婚姻关系在尼德兰的弗兰德尔、不拉奔、荷兰和卢森堡一带拥有了大片领地。而位于佛罗里达海峡口外的北大西洋上的巴哈马群岛的首都拿骚，就是用拿骚家族中的一位英国亲王的名字命名的。16世纪初，威廉·奥兰治的伯父亨利继承了在尼德兰的领地，被德皇查理五世任命为荷兰总督。其父袭任拿骚伯爵。亨利后来娶了奥兰治公爵之女为妻，以至于他的儿子，也就是威廉的堂兄后来以外孙资格继承了奥兰治公爵，同时兼荷兰总督。威廉·奥兰治的运气总是出奇的好。由于是长子，威廉继承了父亲的财产和领地；11岁时，由于堂兄奥兰治亲王勒内·沙龙战死沙场，他又继承了堂兄的爵位和领地；18岁的时候，他与伯伦伯爵的女继承人安妮结婚，又得到了如今属于荷兰以及比利时等一些国家的领地，成为数一数二的大贵族。作为继承人，教育是从小不可忽略的内容。威廉·奥兰治在年少的时候被送去布鲁塞尔在尼德兰的宫廷中：受到了良好的教育，能讲法、德、西、弗莱芒和拉丁语，颇受查理五世器重，被留在身旁任侍从官，经常陪同接见外宾和参加国务会议。威廉本可以顺遂地度过一生，与妻子儿女享受命运所赐予他的所有，但他这一生注定是与众不同的，他所生活的时代让他的内心志向发生了改变。

  当时的荷兰是西班牙的殖民地，荷兰人民忍受着西班牙人残酷的剥削与压迫，不堪重负，于是在1566年，在一个小城爆发了大规模的反抗运动。这次事件所造成的影响迅速扩展到整个尼德兰，而这场运动被称为"捣毁圣像运动"，开启了尼德兰的革命序幕。这场运动并不是一下子爆发的，而是各方面因素堆积而成。尼德兰是经济最发达的地区，但却在1519年成了西班牙生产钱的"机器"。而使西班牙和尼德兰之间的冲突更加激烈的，则是臭名远扬的宗教裁判所和"血腥敕令"。这个敕令加剧了天主教与其他各宗教派别的矛盾，大量除天主教教徒以外的其他教徒被杀害。当时的尼德兰血流成河，尸陈遍野，人们整日惶恐不安，生怕自己一不小心就没命了。这使得尼德兰的经济、政治受到沉重打击，各地大大小小的战争越加频繁。本来在这场运动还没发生的时候，双方之间还是有机会向好的方面发展的，而且当时威廉等一些贵族也在为此进行努力，但是由于天主教国王的强力反对，使得这一希望破灭了。他派遣了杀人如麻的阿尔法将军，采取残酷镇压的手段，整个国家陷入一片战乱。

在这种情势的逼迫下，奥兰治站了出来。1565年，威廉成为反对西班牙统治政策的"贵族同盟"核心成员。1566年，他发起示威游行，尼德兰革命爆发。第二年，因阿尔伐总督镇压革命，威廉流亡德国。1568年，威廉用自己所有的钱，招募了一支3万人的军队，全身心地投入战斗。他的人生从此时开始发生了很大的转变。为了独立，他放弃了安稳富足的生活，离开了幸福快乐的家，放下了他的所有。他带领着队伍与敌人斗争，走上了一条艰险的道路。

刚开始打仗的时候，威廉的军队总是处于被动挨打的状态，军心也随着局势发生了变化。威廉虽然承受着巨大的压力，但仍然积极采取更有利的方式去突破所处的不利局面。在此期间，由水手、渔夫和码头工人组成的被称为"海上乞丐"的游击队，以及南方弗兰德尔和海诺特的密林里由工人、手工业者和农民组成的被称为"森林乞丐"的游击队的崛起使战争形势发生了逆转。1572年，被称为"海上乞丐"的游击队登陆并快速占领布里尔小镇，打击了阿尔法的军队。威廉积极与他们配合，带领军队再次攻入国内。几个月之内，尼德兰北方地区的武装投靠了威廉的军队，并推选他为总督，使得威廉的军队力量渐渐强大起来。大大小小的保卫战在尼德兰的土地上上演着，威廉也成为公认的领袖，成为尼德兰人的精神领袖。

尼德兰独立战争是一场旷日持久的战争，断断续续打了80年（1568—1648年）。在这场战争中，尼德兰虽然兵少武器差，但是他们是在为自己的自由和幸福生活奋战。凭着满腔热血，他们最终成为胜利的一方。由于尼德兰城镇众多，这场战争由大大小小的要塞与城堡的攻守战组成。在1573年10月—1573年7月的莱顿保卫战中，民众坚持了好几个月，即使没有枪、没有子弹、没有大炮，甚至没有援军，还要忍受寒冷与饥饿，也誓死不投降，因为他们知道投降意味着未来会生活在无边无尽的痛苦之中。直到"海上乞丐"游击队采用了水淹敌军的方法,莱顿保卫战才取得胜利。不幸的是,威廉的两个弟弟战死。在1572年12月—1573年7月的哈勒姆保卫战中,全城居民都因为威廉而受到激励,拿起武器为自己的城市战斗,在缺武器、缺物资的情况下坚持了8个月之久,甚至在敌人攻破城门以后又和敌人徒手搏斗。城里的每条街道、每条小巷,都充满了自己人和敌人的鲜血。1573年8月21日,西班牙殖民军1.6万人在德托莱多率领下包围阿尔克马尔镇。守镇的800名士兵和1300名武装市民顽强抗击,坚持了近一个月。9月18日,西班牙军队再次发起猛攻,死伤1000人,守军只死37人,城市仍然安然无恙。后来,尼德兰人挖开堤坝,放海水淹没西班牙人阵地,使西班牙的军队付出了惨痛的代价,在10月8日解除包围。威廉多次亲自上阵参加战斗杀敌,获得了无数次的胜利,被称为"沉默者威廉"。这三场战争的残忍程度令人毛骨悚然,以前美丽和谐的城镇早已面目全非,人们的脸上早已没有了笑容,只有伤心、悲愤,但是却对自己的国家和生活有了期望。他们相信威廉可以带领他们走向新的生活，那里没有这些血淋淋的场面，没有贫穷，一切都将会变得美好。所以，人们对于威廉的拥护爱戴日趋加深，"国父"这一尊贵的称呼代表了荷兰人的心声。

战争本就是一个残酷的存在，作为战争的领导人，威廉为尼德兰做出了巨大的牺牲。他为此舍弃了优越的家庭背景和财富，两个弟弟也战死沙场，第二任妻子安娜也因此离开他，被威胁、被追杀同样也是不可避开的。1580年，西班牙国王在全国范围内对他进行通缉，重金悬赏要他的性命。听到这个消息后，威廉没有因为害怕而选择逃跑，而是通过发表著名的《护教宣言》加以回击，揭露国王治理下的各种丑恶，描述自己是怎样一步一步走上反抗的道路，以及自己对于这个国家的热爱和战斗到底的决心。这个宣言充分体现了威廉的伟大人格。1582年3月18日，威廉被人刺伤，在之后的数星期内因伤情严重，处于生死边缘，他的妻子夏洛塔每天不离不弃地细心照顾他。她日夜向上帝祷告："上帝，请让我的丈夫威廉好起来吧。"在她的照看下，威廉的病情逐渐好转，最终康复。然而，不幸的是，夏洛塔因照顾威廉导致过度疲劳，发烧不止，于5月5日病逝。威廉非常伤心。

1584年7月12日，威廉·奥兰治被拥护为尼德兰国王。然而，就在威廉登基为王的前两天，即7月10日，一场有预谋的、针对威廉的刺杀在秘密进行着。刺杀者是勃艮第的一个叫巴尔萨塔的人，为了巨额赏金以及对宗教的狂热，他找到帕尔马公爵法那斯（西班牙方面对荷兰作战的总指挥），接受了这次刺杀威廉的任务。巴尔萨塔伪装成一个加尔文教徒，骗取了威廉的同情。巴尔萨塔在接近威廉后，将其刺死。巴尔萨塔随即被捕并被处以死刑。

虽然威廉还未来得及正式登基，但是尼德兰人民永远记得他对这个国家所做出的努力。他被赋予最尊崇的荣誉，被尊称为"国父"，以此表达人民对他的致敬，让世世代代记住他为这个国家所做出的贡献。他被葬在代尔夫特，而他的子民按照他们领袖生前的愿望，解放了自己的国家，获得了战争的胜利，并不断引领国家和人民向更好的方向前行，为实现他们美好的理想而努力奋斗着，以告慰他们的"国父"所做出的牺牲。

02 / 不幸的家庭生活

1551 年 7 月,由查理五世做媒,威廉同尼德兰大贵族、伯伦伯爵的女继承人,埃格蒙特的安妮结婚。婚后两人育有一双儿女。可好景不长,短暂幸福的 7 年生活因妻子的撒手人寰而结束,威廉继承了妻子所拥有的尼德兰几处领地。为了家族的利益,他不得不重新选一位妻子。在 1561 年,已经 28 岁的威廉与来自萨克森的安娜公主在布鲁塞尔结婚。这件事情受到了上流社会很多人的关注,但大家也有着各种猜疑与妒忌。安娜背靠强大的娘家大家族,并且还是欧洲最有钱的女继承人之一。17 岁的她年轻貌美,充满少女活力,有着很多比威廉更好的结婚候选人可以选择。而奥兰治的威廉虽然继承了奥兰治亲王的领地和一些分布在尼德兰的地产,但也仅仅是拿骚家族的旁支而已,和安娜公主背后的萨克森选侯相比相差甚远。但由于他从小在查理五世这个"世界的统治者"跟前被养育长大,得到了罗马帝国皇室成员的厚恩,成为哈布斯堡宫廷里的红人。

安娜的监护人、她的叔叔萨克森选侯奥古斯特也很不看好这次联姻，认为侄女可以嫁一个更好的人，尤其是看到侄女的求婚人员名单里竟然还有瑞典王位继承人的时候，他就更不想让安娜嫁给威廉了。但最后，考虑到这次联姻能够得到很大的利益，奥古斯特还是同意了。最终，两人结婚，成为夫妻。

婚后几个月，奥兰治亲王夫妇之间关系不好的消息传遍了整个国家，众人皆知。安娜没有兄弟姐妹，从小就在父母的娇生惯养中长大，养成了孤僻傲慢的性格，威廉不能忍受，导致婚后两个人生活中矛盾不断。他在给奥古斯特等安娜娘家人写的信中抱怨安娜太过分了，倾诉自己的不满。虽然两人已经有了3个孩子，但他们之间的矛盾日益加剧。后来，两人的长子不幸夭折，安娜悲伤过度，终日以酒消愁，养成了酗酒的毛病，这件事进一步激化了他们之间的矛盾。

1566年4月，由爱国贵族组成的爱国同盟成员向女总督玛格丽特·德·帕尔玛请愿，要求停止迫害镇压异教徒，立即召开三级会议讨论国内政治形势，被拒绝。这样一来，更激起了尼德兰人的情绪。愤怒的民众冲进天主教堂和修道院，破坏圣象，捣毁教堂内部装饰。尼德兰发生了以"圣像破坏"为标志的大规模造反运动。开始的时候，威廉还能控制事态的发展，希望统治者和尼德兰民众能够通过和平的方式来解决，但是没有取得任何的效果，而此时西班牙国王又派阿尔法公爵率大军攻打尼德兰，对新教徒以及新教同情者挥舞军刀，残忍地将其全部杀害。威廉知道这个消息时，在军队开进前夕，做出了一个与哈布斯堡家族彻底断绝关系的决定，那就是递交辞呈，携妻儿返回老家拿骚的迪伦堡。

安娜的父亲莫里斯就是因为曾经反对当时的皇帝而死在战场上。当得知自己的丈夫要同哈布斯堡的君主决裂，安娜非常不高兴。因为她知道，这样的话以后肯定不会再过好日子了。更何况威廉不再是天主教教徒，而变成加尔文新教的教徒，这与安娜路德宗教徒的身份有着非常大的区别以及冲突。安娜与威廉的矛盾日渐加深，两个人都看对方不顺眼。

威廉用他所有的家产招募雇佣军队，但是由于西班牙军队过于强大，想要取得胜利也不是件容易的事情。他的弟弟死在战争中，而他的队伍也被敌人打败了。在这个时期，安娜和威廉一直都是相聚甚少，离别颇多，关系更加疏远。1567年，安娜独自一人生下了孩子。更令人震惊的是，西班牙政府没收了威廉的所有土地和财产，包括安娜的嫁妆，威廉被认为是叛贼，这对威廉产生了更加不利的影响。

  威廉的艰难处境给本来就不安的生活又添了一把火。安娜也因此不能再过以前那般富裕的生活，又和威廉的母亲产生了很大的矛盾，这让她倍感压力，再加之丈夫不在身边，内心的孤独寂寞，使她的心情低沉压抑。1569年，安娜再也忍受不了这样的生活，带着孩子离开了，并且向婆家索要她的聘金。最终只拿到了订婚时所承诺的两处城堡的地产和12000古尔登金币聘金。对拿骚家族来说，安娜的背叛丢了家族的脸面，丝毫不顾及夫妻的情谊。在拿骚家族已经摇摇欲坠的财政状况下，这无疑是在伤口上撒盐。由于索要不成功，安娜便找了一个加尔文教律师为自己打官司，帮她讨回那些财产。在打官司的过程中，擦出了爱的火花，开始了一段地位悬殊的不伦之恋。

1571年新年来临时,安娜带着孩子找到威廉,表示之前索要的聘金都不要了,威廉和他的家人以为安娜变好了,但事实却出乎所有人的意料。安娜被发现怀孕,她的婚外情随即曝光。拿骚家族知道后非常生气,认为这种事会影响家族的利益和地位,于是立即派人逮捕了律师约翰·鲁本斯,并且逼安娜和他做出选择,要么主动认罪来争取宽大处理,要么就直接处死律师。安娜选择主动认罪,被关入监牢。

安娜的娘家得到消息后,要求威廉返还侄女的所有嫁妆,否则就打官司指控他犯了重婚罪。但这一做法也只不过是不想让萨克森家族的面子丢尽,以及为了不能让家族的利益因这件事而受到影响。迫于这样的压力,拿骚家族把安娜还给了萨克森家族,而其私生女则被留在拿骚家族,终身囚禁。知道这个消息的安娜悲痛万分,两年后她就死在了监禁中,死的时候仅33岁,至死也未能再见自己的孩子一面。

03 / 永远的"国父"

威廉被荷兰人称为"国父"。他对荷兰,甚至世界其他国家历史的发展都产生了重要的影响。由于荷兰的独立,使得曾经雄霸一时的西班牙帝国遭受了沉重的打击并一步步走向衰败。荷兰的独立使其摆脱了被剥削压迫多年的命运,再加上后来成立的尼德兰联省共和国,使得荷兰走上了振兴发展的道路。荷兰被历史学者称为世界上第一个"赋予商人阶层充分的政治权利的国家"。荷兰的独立为其带来了发展的生机,国家的经济发展也开始向上,有了更多的自由发展空间。革命精神鼓舞着整个社会,这使荷兰迎来了"黄金时代",建立了海上霸权。因荷兰的商船数量庞大,被人们誉为"海上马车夫"。之后,荷兰也像西班牙一样,在世界各地建立殖民地,并占领了包括中国台湾在内的广大地区,迎来了它的"黄金时代"。不得不说,威廉是荷兰新时代的开启者,"国父"这个尊称非他莫属。威廉在国家民族大义面前,毅然放弃那些身外之物,投入战斗之中,而且他对各个宗教派别也没有歧视,为民谋利,在战争中亲自杀敌,这使得威廉很得民心和军心,取得大大小小的胜利,最终赢得了国家的独立和发展。

作为独立战争的领导人,威廉将荷兰人民凝聚在一起,共同抵御外敌,是这场战争的精神领袖。与世界上其他国家的开国元首相比,威廉没有突出的军事才能。在独立战争中,被称作"海上乞丐"和"森林乞丐"的两支队伍的勇猛的战斗力起到了关键的作用,而威廉则主要是以其自身的影响力对军队和民众起到极大的激励作用。而这一点在战争中至关重要。他的儿子莫里斯在军事方面很有才华,他的英勇表现也起到很好的表率作用。

威廉对待各种宗教派别都一视同仁。在当时那个宗教狂热的时代,各个宗教之间的矛盾日益加剧,宗教之间的斗争先后引发了德国和法国的内战,也成为尼德兰战争发生的主要原因。威廉能在那个时代把国内各种宗教派别的人团结在一起,真的是难能可贵。可以说,他是时代的进步者。

荷兰的国歌《威廉颂》就是为了歌颂他的事迹而创作的。

荷兰人民为表彰这位伟大的革命领袖，谱写了《威廉颂》。1569年，荷兰人民为了抵抗西班牙的统治与压迫，高唱这首歌冲向敌人，正是由于这种精神的鼓舞和强大的凝聚力，荷兰人民最终战胜了西班牙统治者，赢得了国家的独立。后来，这首歌曲就变成了荷兰的国歌，这也是世界上最古老的国歌之一。通过歌词，我们可以看出威廉所产生的精神影响是多么大，一种信仰，一种追随，一种尊崇，一种力量，一种伟大……这也是他所留给后人的，生生不息的力量着鼓舞一代又一代荷兰人民。威廉热爱自己的国家和人民，将自己的满腔热血都献给了荷兰。威廉的思想和精神，他的一系列做法赢得了人民的尊重，并且激发了民众的爱国热情。

荷兰人非常喜爱橙色，如果登录荷兰国家旅游会议促进局的官方网站，你就会发现它的主页面是满满的橙色。橙色是荷兰的标志颜色。

荷兰的君主是由奥兰治—拿骚家族成员来担任的世袭君主。而奥兰治发音与橘子的英文（Orange）发音一样，因此奥兰治—拿骚家族与橙色相联系，荷兰人民把橙色看作是国家的标志颜色。其实，橘子原产于中国，那两者是怎么产生关联的呢？这与威廉·奥兰治有着很大的关系。在尼德兰革命中，他放弃了自己的贵族身份，用自己所有的钱投入战争，与荷兰人民一起战斗。而橘子这种水果在当时也就迅速流行起来。要知道，在当时橘子非常稀有，只有有钱人才吃得起。当时的奥兰治—拿骚家族发现这种水果的叫法竟然与家族的名字非常相似，所以就决定将橘子这种水果的图案融入自己的家族族徽。在那场威廉所领导的、奠定了荷兰根基的战争中，荷兰人民心中神圣的符号就变成了"Orange"这个词，虽然"橘子"和"奥兰治"这两个词代表不同的含义，但却在这场战争中合二为一。荷兰人民充满热情地高喊着"Orange"这个词，不断地为国家争取独立的战斗努力着，奋斗着。至于这个词语的起源以及其真正的指代意义，对他们来说早已不重要，因为在他们心中，这已经是一种精神力量，是成功的话语。

由于这场独立战争经过了80多年才取得最终的胜利，所以在历史上被称为"八十年战争"，习惯上我们称之为"尼德兰革命"。威廉虽然已经不再在战场上进行指挥，但他的精神却留在无数人的心中，为荷兰成为现代发达国家开启了一个崭新的方向。

后世的荷兰人们始终记得他们的"国父"——威廉·奥兰治。至于"沉默者"这个称呼的由来，则源于威廉还是罗马帝国皇室的大红人时。1559年3月，威廉以西班牙代表之一的身份赴法谈判，签订了《卡托—康布雷齐和约》。为了保证和约实施，同年夏天，威廉被派往巴黎为人质。原来和约有秘密条款，规定两国在镇压新教徒一事上相互支援。威廉在和法国国王亨利二世接触中获悉此事后，接连两三天沉默不语。后来，他以私事为由前往布鲁塞尔，将秘密条款告知亲友。从此，他被称为"沉默者"。威廉的沉默是对西班牙统治者的无声抗议。威廉的人生就像海水一样，一波未平一波又起，起起伏伏，坎坎坷坷，具有传奇色彩。刚开始的时候，无忧无虑，过着别人羡慕不来的好日子，又受到那么好的待遇，诸事顺顺利利，没有什么障碍，年纪轻轻就当上了三省的执政官。除了有好的家世背景，他还努力学习，不断丰富自己的知识与经验。在领导荷兰人民进行独立战争中，他虽然没有任何打仗经验，也不会什么打仗战术,但是他从战争中学习,并多次亲自上阵杀敌,在战斗实践中锻炼自己。为了荷兰人民的利益,他果断地与皇室断绝关系,选择与人民站在一起,因为他知道人民的力量是强大的,要想使国家强大起来,就必须团结能够团结的所有力量,不管是穷人还是贵族,不管是天主教教徒还是其他宗教派别教徒,求同存异,一致对外。即使被皇室判为逆贼,他也没有选择离开军队和人民,而是勇敢地用实际行动来告诉人们国家民族大义的重要作用。在国家处于内忧外患的情况下,荷兰人民庆幸有威廉。因此,荷兰人民都感激这位伟大的领袖,并尊称他为"国父"。

王灵桂、侯超颖

法学界的"荷兰奇迹"
——雨果·格劳秀斯

雨果·格劳秀斯（1583—1645年），基督教护教学者，亦为国际法及海洋法鼻祖。他出生在荷兰一个条件优越的家庭，8岁开始写诗，11岁即进入莱顿大学学习。他出身于尼德兰革命后期，荷兰建国之初，成长于伴随荷兰建国而发生的宗教与政治冲突剧烈时期。在这一时期，先是作为新教加尔文教信奉者的荷兰与天主教信奉者的西班牙哈布斯堡王朝之间的斗争，后是荷兰国内作为温和加尔文教信奉者与激进加尔文教信奉者之间的斗争，随后是到其辞世仍未结束的、席卷整个欧洲的"三十年战争"。格劳秀斯是位博学多才的天才，少年时被誉为"荷兰神童"，并很快就享誉欧洲。其著作《海洋自由论》明确主张公海是可以自由航行的，为当时新兴的海权国家，如荷兰、英国，提供了相关法律原则的基础，以突破当时西班牙和英国对海洋贸易的垄断，并反对炮舰外交。格劳秀斯被誉为古典自然法学之父、国际法之父、国际法学的创始人，是世界法律思想史上不可或缺的重要人物。

01 / 神童——"荷兰的奇迹"

雨果·格劳秀斯于 1583 年 4 月 10 日晚 7 时诞生于荷兰城市代尔夫特（Delft），这天恰好是复活节星期日。格劳秀斯十分珍视自己出生在耶稣基督复活的日子，一直把复活节星期日，而不是 4 月 10 日作为自己的生日。

与英国著名法学家吉米·边沁相似，格劳秀斯也是出生在条件优越的家庭，自幼即受到良好的教育。他的父亲本身就博学多才，是著名的律师，曾任莱顿市议员和莱顿大学校长。他对各种知识有良好的判断力，也有能力为格劳秀斯提供很多普通家庭根本无力购买的各种经典名著，并在格劳秀斯很小的时候就把他托付给有经验、有能力的老师，教授其拉丁语和希腊语。8 岁时格劳秀斯就用拉丁语写出了两首诗歌，11 岁时即进入莱顿大学学习，受到意大利语言学家和历史学家斯卡利杰的教诲，并被认为是斯卡利杰两个最优秀的学生之一。在大学期间，格劳秀斯就翻译出版了荷兰大数学家西蒙·斯蒂文的《静力学》和《流体静力学》，以及古希腊诗人阿拉托斯的天文学著作《物象》。1597年，14岁的格劳秀斯从莱顿大学毕业。这个时期，格劳秀斯并没有学习法学，而是主修哲学和古典语言学，且兴趣十分广泛，涉猎许多学科领域。格劳秀斯的聪慧、早熟、博学，为他赢得了"荷兰神童"的美誉。随着年龄的增长和出版著作的增加，格劳秀斯很快誉满欧洲。他撰写了50至60部著作，几乎都是用拉丁文写成的，内容涉及神学、圣经考证、数学、理事、语言学、诗歌以及法律等。

1598年3月，年仅15岁的格劳秀斯陪同荷兰著名政治家、其父亲的挚友奥尔登·巴内菲尔特出使法国。在巴黎，格劳秀斯敏捷的大脑、渊博的学识、优雅的谈吐，再加上"神童"的光环，给法国国王亨利四世留下了非常深刻且良好的印象。亨利四世对其称赞不已，不仅授予格劳秀斯一枚铸有自己御像的大金质勋章，而且盛赞格劳秀斯是"荷兰的奇迹"。这使得格劳秀斯的声名更盛。在完成外交使命后，格劳秀斯进入法国奥尔良大学攻读法律，并在同年通过罗马法的论文答辩，获得法学博士学位。

02 / 国际法大律师

格劳秀斯的法律生涯,以及最终走上国际法的道路是从律师业务开始的。在法国获得法学博士学位后,格劳秀斯在海牙做了律师,后来在荷兰最高法院做律师工作,1607年被任命为荷兰大律师。这一职位兼有检察官和政府法律顾问的职责。1603年,远东发生了一起与荷兰等欧洲国家相关的案件,这个案件让格劳秀斯登上了开创国际法事业的舞台。

当时,新建国的荷兰不仅谋求国家的独立和强盛,同时谋求经济和贸易的发展,因而向传统的贸易强国、海上霸主葡萄牙和西班牙发起挑战。荷兰为此成立了东印度公司,负责对远东的贸易,但实则是要打破葡萄牙和西班牙对远东及海上贸易的垄断。1603年2月,荷兰东印度公司的希姆斯柯克将军在马六甲海峡地区捕获了葡萄牙货船"圣凯瑟琳号",将船连同船上的货物当作捕获品拍卖,并把拍卖款项分给了公司股东。可能由于国力衰微的原因,葡萄牙并未以武力进行报复,但荷兰国内出现了很多质疑的声音,认为这一做法违背了非战原则，且向股东分配拍卖款项这一行为缺乏法律依据。荷兰东印度公司则聘请当时已很有名气的律师格劳秀斯为公司辩护。

格劳秀斯接受这一任务后，做了大量的研究工作，不仅研究案卷资料，而且仔细查阅和研究了以往的法律和法学著作。他注意到，在古代，海洋被视为"大家共有之物"，与空气一样，不能被任何个人或国家所占有。《查士丁尼法典》中就提到了海洋是人类共有的自然权利这一原则。格劳秀斯据此为荷兰东印度公司做了强有力的辩护：根据自然的安排，海洋是人类共有之物，应该保持其自然状态，不能被任何私人拥有；通向东印度的海道和在这一海道中航行的权利并不是葡萄牙的私产。相反，葡萄牙占领马六甲海峡，垄断海上贸易，以武力袭击荷兰船只，这是非法的，荷兰有权反击、自卫，因此荷兰捕获、没收葡萄牙货船则是完全正当的。办理这一案件的附带成果是格劳秀斯于1604年至1606年完成了《捕获法》一书的写作。但不知因何原因，这本书并未出版发行。到1609年，格劳秀斯将《捕获法》一书中的第12章略加修改，以《海洋自由论》

为名单独出版，其中提出了影响至今的海洋自由原则，同时也敲开了一门新兴学科——国际法学的大门。

03 / 思想家与改革者

在这个时期，格劳秀斯与其说是一位法律职业工作者，不如说是一名政治改革者。他对刚刚建国的荷兰充满了政治追求，对于自己所信奉的温和加尔文教也充满了宗教热情。在他的政治提携者，也是其忘年交的政治家奥尔登·巴内菲尔特的影响下，格劳秀斯先后担任政府财务审计官、荷兰省和尼德兰联省共和国议会议员、鹿特丹市市长等职。非常不幸的是，1618年，格劳秀斯这一派在政治及宗教斗争中失败了，他和奥尔登·巴内菲尔特一起被定为叛国者，奥尔登·巴内菲尔特被处决，格劳秀斯则被判终身监禁，囚禁于卢费斯坦城堡。后来当局允许其妻子玛利亚前往探望，并允许其在狱中阅读书籍。妻子玛利亚利用他的这一待遇，巧妙安排他藏入一个装书的大箱子里，使格劳秀斯得以在1621年越狱逃跑，随后伪装成泥水匠，经安特卫普逃到法国巴黎。

对于这样一位享誉欧洲的人，法国国王路易十三和首相黎塞留表示了热烈的欢迎，给予他很好的礼遇和优待。但格劳秀斯仍念念不忘自己的祖国荷兰，希望有生之年能回归祖国。然而，当时荷兰的执政当局禁止他回国。在迫不得已的情况下，格劳秀斯于1623年加入法国国籍，开始潜心研究著述，并于1625年完成并出版了他的惊世之作——《战争与和平法》。他将此书献给法国国王路易十三。这个时期，格劳秀斯并未完全放弃自己的政治抱负和回国的打算，而荷兰方面也未罢免其鹿特丹市市长的身份且未任命新的市长。1631年10月，格劳秀斯决定回到荷兰，并通知了荷兰总督和鹿特丹市的官员。他在给总督的信中写道："1618—1619年的法律程序的无效性是众所周知的。"他希望当局给他平反，并给予合适的政治地位。然而荷兰政府于1632年4月做出决定，如果他不离开，就再次逮捕他。格劳秀斯只得逃到汉堡，并于1633年底在那里与瑞典摄政大臣阿克塞尔·奥克森谢纳见面。1634年5月，格劳秀斯与瑞典摄政大臣再次在法兰克福见面,他接受了后者的邀请,担任瑞典驻法国宫廷大使。至此,格劳秀斯又重新回到欧洲的政治舞台,并担任这一职务约10年。此时适逢欧洲著名的"三十年战争",很多国家都卷入其中,包括格劳秀斯的祖国荷兰、定居的国家法国以及担任大使的国家瑞典等。1645年,格劳秀斯被召回瑞典,他向瑞典女王辞去了大使的职位,但却未获得新的任命。随后,格劳秀斯未向任何人表明意图即悄然出走。他乘坐的船舶在波罗的海遇到风暴,在波美拉尼亚海岸触礁,不得不在一个小港避风。后来,格劳秀斯乘坐一辆无盖马车继续赶路。据说,他可能是想去参加为结束"三十年战争"而举行的"威斯特伐利亚和会"。但是,当格劳秀斯于1645年8月28日到达德国的罗斯托克时,已经身染风寒,且病情严重,精疲力竭,最终客死他乡。死时,他身边没有一个亲人,甚至在他道出自己的身份之前,人们都不知道他就是名满天下的格劳秀斯。

1648年,也就是"三十年战争"结束的那一年,荷兰法院终于撤销了对格劳秀斯的错误判决。1781年,在代尔夫特的新教堂里，人们为格劳秀斯在专门安葬王室成员的地方修建了一座陵墓，这等于承认和肯定了他的伟大功绩。据说，格劳秀斯生前为自己撰写的墓志铭是："雨果·格劳秀斯，荷兰人，囚徒和逃亡犯，伟大瑞典的大使，长眠于此"。

04 古典自然法学之父

格劳秀斯作为"神童"，在莱顿大学主攻的方向是哲学和语言学。在当时，哲学几乎是一门包罗万象的学问，除了今天我们所理解的哲学，还包括宗教学、神学、天文学、物理学等等。格劳秀斯是一位深刻的思想家，这源于他对哲学及宗教学的学习、研究和思考。终其一生，格劳秀斯虔诚地信奉基督教，投入很大的精力试图实现基督教的统一——首先是新教的统一，然后是新教与天主教的统一。不过，在他有生之年，这方面工作的实际成效甚少。但是，这方面的研究和思考为他的法学研究奠定了深厚的基础，使他不仅是部门法——国际法的奠基人，而且是一位具有重要历史影响的法哲学家。由于格劳秀斯在国际法方面开创性的、填补空白的卓越贡献过于耀眼，以至于人们往往忽视他在法哲学方面的伟大功绩。

在欧洲历史上，格劳秀斯也是一位信奉自然法学的思想家，系统地阐释了自然法的属性和内涵。其重要性在于，他的自然法学虽然仍然以宗教为基础，但却突破了神学自然法的束缚，提出了"自然法是真正理性的命令，是一切行为善恶的标准"的观点，从而开启了近现代自然法学说的先河，而格劳秀斯也当之无愧地被誉为古典自然法学之父。

自然法学说源远流长，古希腊的柏拉图、亚里士多德都肯定自然法并对自然法有很多论述。但在这些人的论著中，自然法类似于自然规律。所谓"自然"，是指非经人或者神创造的，而律法、习俗等都是约定的，是人创造的，不同的地域或民族有完全不一样甚至相反的律法和习俗。这一理论的内涵既否定"自然"是人创造的，同时也否定"自然"是神创造的。这在后来的基督教学者眼中，无异于异端邪说。

将自然法学说完全纳入神学体系并将之宗教化的集大

成者是中世纪伟大的宗教学家、哲学家托马斯·阿奎纳。阿奎纳提出和建立了一个恢宏的"法"的体系：位列最高的是永恒法，而永恒法即上帝本身。其次是神法，是上帝为了让人类更好地分享永恒法而制定的，上帝以神法引导人类，而人类又可以看到神法，具体来说神法就是《旧约》和《新约》，神法高于自然法；自然法是人类对永恒法的分享，低于永恒法和神法。最后是人法，是由人类理性所产生的具体决断，人法低于自然法。阿奎纳的学说被奉为经典，在相当长的时间里成为占主导地位的统治性学说。格劳秀斯作为基督教的信奉者，自然也信奉阿奎纳的学说。但当把阿奎纳这样的学说运用于当时的欧洲社会现实时，就会面临两大挑战：一是欧洲大多数国家为基督教国家，大家均信奉上帝，按理应当彼此慈爱，和平共处，但却多年陷于恶战而不停歇；二是欧洲国家开始向外扩张，需要面对无数的不信奉基督教的国家和人群。这些人到底算不算人类，自然法还能不能靠得住？在这样的困境下，格劳秀斯做出了具有历史意义的重大转变：使自然法与上帝分离，尽管这种转变非常小心。格劳秀斯在某个时刻曾说：没有上帝，自然法仍然有效。自然法是永恒的、绝对的、根本性的，即使上帝也要受其支配，因为"上帝不能使二加二不等于四，也不能把理性上恶的变成善的"。人们在理性的支配下按照自然的规定来指导自己的行为。人性是自然法的源泉，神是法的第二源泉。作为一种正当理性的命令，自然法是一切法律的基础和依据。同时，格劳秀斯也提出并论证了天赋自然权利及社会契约等观点，认为国家是人们为了享受法律利益和谋求共同福利而组成的最完善的联盟。正是基于此，有人认为格劳秀斯是将自然法世俗化的第一人。尽管格劳秀斯的世俗化并不彻底，本质上他是个虔诚的基督徒，在内心深处从未放弃对上帝的信仰及忠诚，认为上帝仍然是法的最高渊源，但是，他所提出并宣扬的自然法是正当理性的命令等观点，实际上摒弃了上帝无所不能、无所不在的主张，在一定程度上打破了中世纪宗教神学对自然法学的垄断，使得后世的霍布斯、孟德斯鸠、卢梭等人几乎完全摆脱宗教神学的束缚，以人的立场和眼光分析并描绘自然状态、自然权利、自然正义、人类理性以及社会契约等问题，开始了引发欧洲近代革命的思想启蒙运动。

05 国际法学创始人

格劳秀斯最卓越的贡献和伟大功绩是在国际法领域。国际法学家普遍认同格劳秀斯是这一法学分支的创始人。在他之前,无人做过这方面的工作,更遑论系统性论述。给格劳秀斯冠以"国际法之父",而不是创始人,则是因为:国际法侧重的是法律规范,而不是学说,而国际法的规范并不是格劳秀斯首创的。比如,古罗马时代就有关于战争和条约的规则;中世纪时期也有关于宣战、休战、对敌人维持信义等规则,尽管这些规则非常散乱、模糊。格劳秀斯被誉为"国际法之父"则是因为他不仅系统地论述了国际法的原理和学说,而且系统地提出了一系列后世长期遵行的国际法规范和准则。

格劳秀斯的国际法学说是以自然法学说为理论基础的,他对正义、法、权利等概念都做了不同的分类和论述。在格劳秀斯那里,人类的行为是否合法或正义一共有四个层面:第一层是受赞美的;第二层是合法的;第三层是可被允许的，这种行为已经不是纯然正义和合法，但可以免受惩罚；第四层是要受惩罚的。前三个层面都是正义的，只有第四个层面才是不正义的。而前三个层面的正义则分别指向三种法：神法、自然法和万国法。所谓神法，即神的意志产生的法，或者说神圣意志法，是上帝启示给人类的法，人类可以获得并依赖信仰而认知。神法包括民族的和普世的两种，前者包括诸如犹太法和所有特殊民族的宗教，后者仅指基督教，存在于《旧约》《新约》以及相关的重要著述中。这种法是应被提倡的道德要求，如违背，无须惩罚，遵守则应被赞美。这实际上是一种无严格遵守的法。自然法首要是指人类的法，包含两条基本法则：第一条是生来就考虑自己，倾向于保护自己，按照这条原则，自然中的所有东西都是倾向于支持战争的；第二条则是倾向于社会生活，反对自保和自利。格劳秀斯认为，第二条法则才独属于人类，是社会自然，而第一条法则既适合于人，也适合于动物，而人类就是动物，有时甚至忘了自己是人类。按照第二条法则，当破坏人类社会的行为发生时，可以进行战争，这是符合自然法的。万国法是从所有国家或大多数国家的意志中获取强制力的法。万国法并非来源于自然法,而是来源于所有国家或大多数国家的同意,是支配国与国之间相互交往的法律,也就是国际法。在格劳秀斯看来,万国法才是真正意义的法,是必须被严格遵守的法,因为它是被同意的,是共同意志的体现。

格劳秀斯天才地创立了国际法学说和理论,但他并不是脱离实际,坐而论道。他的理论源于实践,又服务于实践。基于为荷兰东印度公司辩护而写作出版的《海洋自由论》,系统地提出了海洋自由的经典理论,认为"海洋是取之不尽、用之不竭的,是不可占领的;应向所有国家和所有国家的人民开放,供他们自由使用";同时,具体提出了航行自由、捕鱼自由、贸易自由、无害通过权等实用规则,一直影响至今。而在格劳秀斯的鸿篇巨制《战争与和平法》中,他既不同意"绝对反对战争"的观点,也不同意"战争之中不存在任何法"的观点。虽然从虔诚的基督教立场出发,格劳秀斯认为所有战争都是一种恶,但他还是提出并区分了"正义的战争"和"非正义的战争"。在《战争与和平法》的第一卷中,格劳秀斯详细探讨了正义的根源、正义的含义、正义战争的可能性,以及发动战争的主体等问题。在《战争与和平法》的第二卷和第三卷中，格劳秀斯分别论证了"开战正义"和"交战正义"。在"开战正义"中，格劳秀斯给出了可以开战的正义战争的三个理由：保卫自身生命，修复对于财产所有权的破坏，对于罪恶行为的惩罚。而在"交战正义"中，格劳秀斯完全撇开了神法，而仅仅依据自然法和万国法，详尽地讨论了"战争中什么是可允许的"。虽然他认为战争中的杀戮、劫掠、毁灭、统治被征服者等是符合万国法的，但他仍然提出了许多进步的、对后世有重要影响的战争法准则，诸如要坚持宣战原则，反对不宣而战的狡猾行为；要坚持人道主义原则，对非参战人员，尤其是老人、妇女、儿童等应采取保护措施；对放下武器的俘虏，应当尊重其人格尊严，并要保护他们的个人财产；对战争中的伤病员，无论是敌方或我方，都应无区别地给予人道的待遇和照顾；交战时，应注意保护交战国各方外交代表的人身和财产安全；战争中也要讲究诚信，不能用背信弃义的方式欺骗和伤害敌人；等等。

总的来说，格劳秀斯的法学理论，尤其国际法理论，有着深厚的道德基础。他认真地告诫人们：诉诸战争应该基于"正义",而不是"国家理性";如果对战争的"正义性"有疑问,一个国家就不应该诉诸战争;即使有"正当"的战争理由,也不要轻率地发动战争;诉诸战争与进行战争均应该受制于法律等。同时,格劳秀斯对和平的向往和呼唤,既有"三十年战争"所带来苦难的现实背景,也有其基督教信仰的理想情怀,都令人印象深刻。有人说,格劳秀斯的著作是真正的道德法典,这也许是个恰如其分的评价。

李贵方

绘画大师
——伦勃朗

伦勃朗·哈尔曼松·凡·莱因（1606—1669年），欧洲17世纪最伟大的画家之一，也是荷兰历史上最伟大的画家。他出生在荷兰莱顿城，早年从师彼得·拉斯特曼，1625年在家乡开设画室。

在欧洲画坛上，伦勃朗有着很重要的影响。他的画作题材广泛，擅长肖像画、风景画、风俗画、宗教画、历史画等。他一生留下了600多幅油画、300多幅蚀刻版画和2000多幅素描。在他的作品中，有100多幅自画像，而他的家人几乎都成了他画中的人物。伦勃朗的肖像画，巧妙地采用精确的三角立体光，勾勒出人物的轮廓线，光线只照亮面部四分之三，其余部分则隐于黑暗中。这样的肖像画能给人一种庄重的感觉。伦勃朗的这种肖像画技法后来被运用于人像摄影中，被后人称为"伦勃朗式用光"。

17世纪的荷兰正值黄金时期，经济繁荣，文化昌盛。由于荷兰对宗教信仰的宽容，人民的思想和言论比较自由，这使得荷兰产生了一种不同于封建专制统治和天主教国家的文化艺术新风尚，许多画家也因此深受影响，他们的画作多贴近市民的日常生活和风俗习惯。伦勃朗便是这个时期的代表人物。他的一生因为对画的执着而充满酸甜苦辣，历经人生坎坷。他品味着画带来的甜蜜和成名的喜悦，同时也因为画而曾苦涩辛酸。

01 / 少年成名记

1606年7月15日，在距离荷兰阿姆斯特丹不远的莱顿城，随着"哇……"的一阵阵哭声，一个婴儿诞生了，他便是伦勃朗。此时的荷兰因为宗教改革一事正在与西班牙交战。三年后，两国长达40年的战争宣告停战，并签订了长达12年的停战协议。伦勃朗便有幸成长在荷兰相对安稳的时代，而这样的环境对他的成长当然是有利的。

伦勃朗父亲是磨坊主，母亲是面包师的女儿，他们共同生育了9个孩子，伦勃朗是最小的也是最聪明的那个。伦勃朗从小就表现出很强的学习能力，在14岁时，他进入莱顿大学学习法律，可是在学习的过程中，他发现自己对这门专业也没有多大的兴趣。经过一番认真思索后，他决定退学改学绘画，这是一次大胆的改变。

伦勃朗首先在本地著名的画师雅各布·凡·斯旺恩布尔赫的门下求学。在老师指导下，他学习了三年。在这三年里，他从一个懵懂的少年成长为有一定绘画基础的初级画家。这个过程是艰辛的，他认真听从老师的教诲，重复练习，如果不是凭着对绘画的满腔热爱，肯定是坚持不下去的。17岁时，伦勃朗决定离开家乡莱顿，去更广阔的天地挑战自我，寻找一种新的希望，寻找自己存在的意义。他独自一人来到阿姆斯特丹，向历史画家拉斯特曼学画。

1625年，19岁的伦勃朗已经基本掌握了油画、素描和蚀刻画的技巧，而且还发展出了自己的风格。半年后，自觉学有所成的伦勃朗回到家乡，和发小简·利文斯开画室招徒作画。刚开始并不顺利，因为没有名气，画室经营比较艰难。在这一时期，伦勃朗对老年人以及各种富有绘画性特征的人物十分感兴趣，画了许多人物画像。他认真研究每一个人物，善于捕捉细微的表情，并且善于运用明暗对比的画法作画。他不断探索、思考、创新，把卡拉瓦乔式的明暗对比画法加以发展，形成了自己的画风，后人称之为"伦勃朗式的明暗画法"。这种画法更能突出画中的重点，能更好地塑造所描绘的事物，让画面更加生动，层次更加丰富，而且富有戏剧性。他还开始研究面相学，为了更好地凸显出人物所独有的个性。他总是那么大胆前卫，有着自己的独特性，而这也是他表现技法的一个重要组成部分。因为伦勃朗少年时曾在莱顿的拉丁语学校学习宗教，对《圣经》很感兴趣，因此他的很多作品受此影响，尤其是他最早的一批作品都是《圣经》题材，而效果的显示则是受到老师拉斯特曼的影响，背景明亮，但人物塑造是伦勃朗式的，如雕塑般结实，又有些朴拙。1628年，荷兰作曲家、诗人兼外交官康斯坦丁·惠更斯爵士到莱顿做文化访问时，发现了伦勃朗和好友利文斯的才华，评价他们："利文斯在创作上异于常人，在创作上非常大胆，而伦勃朗以其稳健的洞察力和生动的创作激情超越了利文斯……"一时间两个年轻的画家声名远扬。

02 / 幸福来得很突然

伦勃朗收获到了初步成功的喜悦,可他终归是一个不安于现状的人。1631年,他又一次离开莱顿,来到了阿姆斯特丹。从此,他定居在这里,与这座城融合在了一起。

伦勃朗的艺术在这段时期更趋成熟,成为阿姆斯特丹的主要肖像画家。当时在这个城市最负盛名的外科医生扬·杜尔普博士听闻他的名气,便雇他来为自己画一幅画像。伦勃朗甚是喜悦,十分认真地对待这件事情,计划将这幅画像设计一个情节作为背景。他一直以来热衷于对面相学的研究,这对给外科医生扬·杜尔普博士的作画有很大的帮助。扬·杜尔普博士非常赞同伦勃朗对画像的设想。扬·杜尔普博士是一位外科医生,解剖学是他所擅长的,伦勃朗准确地捕捉到扬·杜尔普博士在这一场景中的微妙表情,以及周边所有人的表情,并且非常注意光线。他集中精力,手中的笔不停地在布上描绘飞舞着。很快,原本空白的布便布满栩栩如生的人物。画面左边射来的一束光照亮了扬·杜尔普博士和尸体,衬着深暗的背景,使外科医生扬·杜尔普博士这个主要人物十分突出,画中其他人的头部也在光线的照射下比较明亮,很形象地表现了他们的肖像特征,这幅《杜尔博士的解剖学课》就这样诞生了。外科医生扬·杜尔普博士对这幅画非常满意。因为此画,越来越多的人认识了伦勃朗,他在阿姆斯特丹声名鹊起,并确立了其在画界不可动摇的地位。越来越多的人慕名而来,找他作画。

随着绘画事业的成功,另一件美事也随之而来。他寄宿在阿姆斯特丹最具有实力的画商亨德里克·乌伦堡家中。有一天他遇到了一位美丽的女子,她是乌伦堡的侄女莎斯姬亚,荷兰北部菲仕兰省最大城市瓦登市上流社会的名媛。第一眼见她,伦勃朗就为她着迷。

初时,两人还没有很熟悉,但是伦勃朗却抓住机会去和莎斯姬亚说话,而莎斯姬亚也很喜欢伦勃朗。数月接触后,伦勃朗和莎斯姬亚订了婚。这年,伦勃朗27岁,莎斯姬亚21岁。婚后,伦勃朗为爱妻画了许多肖像画,爱情的滋润使他的画作充满着爱意与幸福。

就是在这样浓浓的爱意里,伦勃朗创作了他的代表作

《扮作花神的莎斯姬亚》,他把爱妻装扮成古罗马的花神。画中,莎斯姬亚身着贴身的金色长袍,头戴盛开的鲜花,伦勃朗精心描绘了环绕着鲜花的柔光。他将脑中的想象与妻子相匹配,长袍上有美丽的金银刺绣、花瓣和闪闪发光的宝石,画中的她是耀眼的、神圣的,美丽的,妻子的魅力永远留存在画布上,人们将永远记得她的年轻美貌。莎斯姬亚看到这幅画,脸上全是喜悦。

当时的伦勃朗因自身的才华,以及艺术品经销商亨德里克·乌伦堡的宣传运作,作品颇受阿姆斯特丹上流社会的许可,供不应求。富人肖像画订单也源源不断,开设的学费昂贵的绘画培训班也是学员爆满。伦勃朗的创作进入鼎盛时期,经济收入也非常可观。

03 / 不幸的降临

1635 年,在妻子莎斯姬亚怀第一个孩子的时候,一家人搬进了富人区——新多伦大街，过上了优越、奢华的富人生活。然而，伦勃朗和莎斯姬亚的幸福日子并没有持续很久，阴影逐渐向两人笼罩而来。莎斯姬亚婚后为伦勃朗先后生了3个孩子，可是都在生后不久便夭折了。孩子的接连去世，让伦勃朗非常痛苦，似乎也加剧了他在金钱上的挥霍。1639年，伦勃朗在犹太人宽街看上了一栋四层豪宅，便毫不犹豫斥资1.3万荷兰盾将其买下。这就是现在的伦勃朗故居——乔登布里街4号。伦勃朗一次性拿不出这么多钱，因此协议通过分期付款的方式来支付，最终他以高价买下了这栋住宅。之后，伦勃朗的大部分时光都在这栋豪宅中度过。这栋房子里有9个房间，其中6个房间都是画室。画室里收藏了丢勒、荷尔拜因、拉斐尔、韦切利奥等大师的作品，也收藏着伦勃朗淘回来的一些稀奇古怪的东西，如鳄鱼、象牙、犰狳、珊瑚等。

生产之苦加上丧子之痛让莎斯姬亚的身体变得更加虚弱。直到1641年，莎斯姬亚终于生了一个男孩，起名叫泰塔斯。这本来是一件让两人非常幸福的事情，可是这个孩子的诞生使莎斯姬亚本来就极为虚弱的身体变得更加糟糕。

虽然伦勃朗一直在找医生给莎斯娅亚看病,但还是没有任何效果,直到最后卧病不起。伦勃朗为了让妻子好起来,想尽各种办法。

他把画板放在妻子的床边,将外边的风景搬到了枕边,有村外鲜亮的水草和漂亮的小屋,有沐浴在灿烂阳光下的树木,有流动的运河景致……他为她展示着这充满活力与生机的世界。可是莎斯姬亚的身体还是每况愈下,伦勃朗的努力终究付诸流水。不到30岁的莎斯姬亚离开了伦勃朗和刚出生不久的儿子。

1642年,伦勃朗获得了一份订单。阿姆斯特丹城市自卫队的16个保安队员凑钱请伦勃朗画团体肖像,准备张挂在城市自卫队的房间里。伦勃朗很是开心,这是他自妻子去世后的痛苦时间里的一点光彩,第一次被邀请去给一大批人作群像。他想象着,在这幅绘画中运用自己独有的作画技巧去成就自己最伟大的一幅作品,然后会得到大家的称赞,接下来他的名声就会溢出阿姆斯特丹,那时整个荷兰,整个欧洲北方,乃至整个欧洲的所有人都会知道伦勃朗这位画家的存在。

为了展示出自卫队所有人的风采，伦勃朗决定改变之前的作画风格。他没有学当时流行的画法，把所有人都摆放在宴会桌前，因为他觉得要把这么多人安排在一幅画中非常困难，那样画出来会是一幅比较呆板的画像，于是设计了一个场景：16个人接到了出巡命令，准备出发去查看。以班宁·柯克连长为中心，他在交代任务，每个人面对这次紧急任务正做出不同准备，有人在擦枪筒，有人在扛旗帜，周围还有一群孩子在看热闹。在这幅画中，伦勃朗选择采用强烈的明暗对比画法，用光线来塑造形体，使得整个画面变得有层次，人物呈现出丰富的色彩，更具有视觉刺激感和冲击感。他看着自己的画，脸上满是欣喜，他告诉自己说："这必定会是一幅杰作。"

可是，当他把画展现在自卫队保安队员们面前，等待他们对画作的夸赞时，听到的却是不满意的声音。

自卫队众人对伦勃朗的构图非常不满，要求他重画。伦勃朗不同意。于是，自卫队众人为了索回画金，将此事诉诸法庭，并对伦勃朗进行了大肆攻击，称他根本不是什么好的画家，诋毁他的作品，加上之前伦勃朗曾以他的妻子莎斯姬亚的裸体为基础画过一些宗教题材的历史画，维护旧道德的人们也参与了进来，对他进行非议。很快，这件事情便传遍大街小巷，他的绘画事业因此受到了严重的打击，经济状况也每况愈下。

再后来，他曾这样感慨道："崇高吗？你们不是都戴着宽檐的高顶帽吗？"直到他去世后的100年，阿姆斯特丹才惊奇地发现，英国、法国、德国、俄国、波兰的一些著名画家都自称接受了伦勃朗的艺术濡养。

妻子离世后，伦勃朗没有太多精力去照顾儿子泰塔斯，因此找了一个保姆来照顾他，云尔茨·迪尔科斯就这样来到了他家。

因为内心的孤独痛苦，他便对保姆云尔茨·迪尔科斯倾注了情感，从她身上寻求慰藉。他对她倾诉自己的痛苦孤独，把她视为知己，为了感谢她的陪伴，他决定把亡妻留下的宝石送给云尔茨。

就这样，他们互相慰藉着彼此，云尔茨在这个过程中慢慢对伦勃朗产生了感情。

云尔茨希望能与伦勃朗结婚，但伦勃朗却因忘不了亡妻，拒绝了。云尔茨一次次询问着伦勃朗，可是每次得到的都是拒绝，伦勃朗并没有要娶她的意思，于是她就在幼小的泰塔斯面前号啕大哭，哭诉自己内心的痛苦。这时的云尔茨也不是伦勃朗原来以为的云尔茨，他看到的是一个性格暴躁、颐指气使的女人。他很想把她赶出家门，不想看见她，可是考虑到孩子年龄尚小，需要有人照顾，于是忍受着。

1649年，伦勃朗终于忍无可忍，决定把她赶走。可是，这样做导致他的生活又一次遭到了打击。

云尔茨被他的行为所激怒，心有不甘，便上法庭告伦勃朗不履行婚约，并向法庭出示了伦勃朗送她的宝石。而伦勃朗辩解，之所以送云尔茨宝石，是为了感谢她。

最后，这场官司是以云尔茨获胜而告终，判决的结果是伦勃朗不得不支付给她高额的赡养费和养老金。伦勃朗原本就因为《夜巡》的失败而在事业上受到了影响，这件事情使他更加狼狈，他的肖像画客户大幅减少，房子还要分期付款，因此生活陷入贫困。直到1655年，云尔茨被判曾经盗窃莎斯姬亚的珠宝，被判进教养院 5 年，伦勃朗才终于不用再支付赡养费。

04 / 生活的最后孤独

被云尔茨整得身心俱疲的伦勃朗很幸运地结识了比他小 20 岁的韩德瑞克·斯多弗，伦勃朗被她的性格所吸引，虽然韩德瑞克不如莎斯姬亚漂亮，她身材矮胖，手脚较为粗大，可是她给予他的是快乐，而且年轻善良的韩德瑞克也给了伦勃朗事业上的支持。

伦勃朗又开始了创作。在这个过程中，他再一次又感受到了爱情的力量。可是，他不能和韩德瑞克·斯多弗结婚。在莎斯姬亚的财产遗书中规定了，如果他再婚的话，就不能继承莎斯姬亚所留下的遗产，而现实却是自己有很多债款未还清。被现实所困的伦勃朗不得不接受现实。

虽然两人不能结婚，韩德瑞克还是为伦勃朗生了一个可爱的女孩，这让年已48岁的伦勃朗非常高兴，渐渐地从以前的悲伤中走了出来。这个时期，伦勃朗以韩德瑞克为模特儿，创作了一些质朴的作品，《浴女》便是这个时期的作品。

1658年，入不敷出的伦勃朗不得不以1.1万荷兰盾贱卖了那栋生活了20多年的房子，搬进了阿姆斯特丹郊区洛森格拉什的一所破房子。韩德瑞克开始经营一家美术公司，店面很小，但也不失整洁。伦勃朗成为这家画室的雇员，韩德瑞克温柔体贴，把画室经营得很好，终于伦勃朗度过了这一个坎。

随着生活的一点点改善，伦勃朗一家搬入一所小型的住宅，开始了新的生活。虽然不算富裕，但温饱足够。在这个阶段，他创作了许多历史、风景和神话题材的绘画，他的作品也开始再次被人们所接受。

然而，1663年7月，韩德瑞克去世了，对伦勃朗来说，这是又一次沉重的打击。

五年后，爱子泰塔斯又离他而去，他又一次失去了精神寄托。最后，留在他身边的只有其独生女儿科尔内利亚。

晚年的伦勃朗凄惨悲凉，看着他自己为一个个逝去的家人所作的画像，他会默默流着眼泪。一年后，63岁的伦勃朗还是与世长辞了。他被葬在西教堂的一个公墓里，甚至没有个人的墓碑。

伦勃朗一生遭遇了一次次的家庭不幸和一系列折磨，可他终究是倔强的。他并没有放弃画画，并始终坚持自己的艺术主张和创作方法，直至逝世前还画出了《浪子回头》《扫罗与大卫》等名作，留下了属于自己的独特遗产。

伦勃朗那现实主义的深刻的心理描绘，那无与伦比的明暗色运用技巧都是美术史上无法逾越的高峰。

伦勃朗一生从未离开过荷兰。如今，在荷兰的阿姆斯特丹有以他的名字——伦勃朗命名的广场，他的塑像在那里巍然耸立，而他与莎斯姬亚共度幸福时光的那幢临近赫雷运河的住宅至今仍被完好保留，而且对外开放，在这里，人们能感受到他存在的气息。时光悠悠地过去，可是他的影响却在时光的长河中依然缓缓地流淌着，任由世人去感受他的存在、他的魅力。

凡·高晚于伦勃朗200年之久，他曾经说："如果能够让我在伦勃朗的这些画像面前待两个星期，即使没有面包，我也愿意。"可见他的作品是多么伟大。他坚持的艺术，他的独特的作品在他的生活的磨难中成熟着。他所留给后人的是取之不尽的财富。致敬，伟大的伦勃朗！

王灵桂、侯超颖

近代哲学之父
——斯宾诺莎

1660年,在荷兰西部的莱茵斯堡住着一位磨光学镜片的奇人。身材矮小的他打磨镜片时一丝不苟,颇有工匠精神。但是,只要赚够了最基本的生活开销,他就会毫不犹豫地停下手里的活儿,回到房间埋头书堆,静心思考与写作。他不愿意为自己积累过多的财富,宁愿将时间和精力都投入挚爱的哲学研究之中。他就是17世纪荷兰伟大的哲学家巴鲁赫·德·斯宾诺莎。

巴鲁赫·德·斯宾诺莎(1632—1677年),犹太裔荷兰籍哲学家,近代西方哲学公认的三大理性主义者之一,与笛卡尔、莱布尼茨齐名。

斯宾诺莎出生在阿姆斯特丹的一个从西班牙逃往荷兰的犹太人家庭,年轻时进入培养拉比的宗教学校。在艰难的生活条件下,他仍然坚持哲学和科学研究。他的思想通过通信传播到欧洲各地,赢得了人们的尊重。斯宾诺莎的主要著作有《笛卡尔哲学原理》《神学政治论》《伦理学》《知性改进论》等。1677年,斯宾诺莎不幸死于肺痨,享年45岁。斯宾诺莎短暂的一生几乎都在孤独与贫乏中度过,然而他的思想却比其他同时代的人富足得多,甚至在300多年后的今天,他的思想仍然被视为整个人类的瑰宝。德国诗人海涅这样评价他:"一旦有人把斯宾诺莎从他那呆板的、古老的笛卡尔主义的数学公式中拯救出来,使得广大读者更能理解他,那么我们也许会发现,斯宾诺莎比任何人都更应该控告他人剽窃了他的思想。所有我们现代的哲学家也许常不自觉地用斯宾诺莎所磨制的眼镜在观看世界。"

01 / 从容面对教会的审判

1632年11月24日,斯宾诺莎出生在阿姆斯特丹的一个犹太人家庭。由于西班牙封建专制政府对犹太人进行种族与宗教迫害,他的祖父和父亲不得不逃亡到葡萄牙,后又辗转来到荷兰。斯宾诺莎原名本托·德·斯宾诺莎,"本托"在西班牙语中是"受上帝的恩惠"之意,巴鲁赫是他的希伯来文名,意为"佑护"。

斯宾诺莎的祖父是一位受人尊敬的犹太商人,曾在阿姆斯特丹犹太人公会中担任重要职务。他的父亲也多次担任犹太人公会的会长，而且是阿姆斯特丹犹太教会学校的校长之一，还曾经营海运贸易，在当时颇有地位并拥有不少资产。

斯宾诺莎6岁那年，母亲不幸死于肺病。他的父亲又娶了一位妻子。继母是一位从葡萄牙逃亡至此的犹太人，性情温顺，对孩子们十分慈爱。她早年信仰天主教，这在潜移默化中对斯宾诺莎产生了不小的影响，使其早年受到天主教的熏陶。7岁时，斯宾诺莎被送到犹太教会学校，学习希伯来文、《旧约全书》和犹太典籍。犹太教传统氛围与继母的天主教熏陶，都在年少的斯宾诺莎心中刻下了不可磨灭的印痕。

斯宾诺莎年满13岁时，犹太教会为他举行了成人礼仪式，他正式成为一名犹太教徒。由于他天资聪颖，在学校表现优异，深受当地犹太教会的器重，甚至被赞誉为"希伯来之光"。人们期望将来他能与他的祖父、父亲一样，将犹太教的教义发扬光大。斯宾诺莎一边在犹太高等学校里学习，一边进入父亲的商行，帮忙料理一些事务。到17岁的时候，他已经十分熟悉商界的经营之道。这一时期的荷兰，商业蓬勃发展，政治主张平等，提倡信仰自由，来自欧洲各地的一大批科学家和哲学家汇集于此。由于涉足商界，斯宾诺莎结识了许多具有自由思想的年轻商人和自由人士，他们大多是浸礼派教徒，这大大开拓了斯宾诺莎的眼界，让他跳出传统礼教的约束，受到了许多新潮思想与理论的冲击。这其中的有些人在日后参加了以斯宾诺莎为中心的哲学小组，并终身都是他的支持者。

1652年，斯宾诺莎进入范·丹·恩德创办的拉丁文学校完成世俗学科的学习。恩德是一位自由主义思想家和人道主义者，他的思想和革命行动对斯宾诺莎的一生产生了不可忽视的影响。在这里，斯宾诺莎接触到笛卡尔哲学，并研习数学、物理学、医学等自然科学，广泛阅读古代唯物论哲学家卢克莱修、文艺复兴时期自然哲学家布鲁诺等的著作。这些不同于犹太传统教义的思想与理论给斯宾诺莎的头脑注入了新的源泉，为他日后摆脱犹太神学，走向新哲学打下了基础。

1654年，斯宾诺莎的父亲由于海运生意遭受巨大损失而郁郁寡欢，直至病逝。他的姐姐莉贝卡认为斯宾诺莎可以自己谋生，而她一无所有，因此意图占有斯宾诺莎应当继承的遗产，甚至将他私下的一些背教言行传了出去，败坏他的名声。这让斯宾诺莎大为愤慨，将姐姐告上法庭，并顺利获得了遗产的继承权。然而，最终他还是将财产都送给了姐姐，只为自己保留了一张床。很多人对此表示不解，但对他来说，遗产的归属并不重要，他追求的只是公平与正义。

失去了家庭的经济支撑，斯宾诺莎的生活陷入窘境。幸好恩德向他伸出了援手，让他在自己的学校里帮忙料理教务，并教授希伯来语和数学。不久后，当地基督教会和犹太教会谴责恩德的学校，称其为教授无神论的中心。恩德被逐出了阿姆斯特丹。后来，他在法国的一次革命行动中被捕，不幸丧命。这对斯宾诺莎的心灵造成了极大的震动。他继承了恩德的精神，沿着他指出的方向，继续在追求真理与自由的道路上前行。

随着知识和阅历的增长，斯宾诺莎的理性思维能力渐渐增强，他发现《圣经》和犹太教义中存在着难以解释的矛盾之处，并对犹太团体过于烦琐的礼教感到不满，并且毫不隐瞒自己对陈旧传统的看法。他反对灵魂不灭的说法，认为"灵魂"就是呼吸，只要呼吸停止，灵魂也就不复存在；他否定天使的存在，认为天使不过是人们幻想的产物；他还认为上帝并不是宗教里宣扬的那种超越于世界之外的精神主宰，而是有外延的存在。

这种在当时"大逆不道"的言论很快就引起了犹太教团体首领的恐慌，他们无法容忍这个曾经被寄予厚望的年轻人如今竟然漠视神所制定的戒规，满口异端邪说，毫无虔诚敬畏之心。为了堵住他的口，规劝他回归"正途"，犹太教公会许诺只要斯宾诺莎不再宣扬邪说，表面上保持对宗教的顺从，他们就给他一笔相当可观的年金，这笔钱能极大地改善他的生活。然而，金钱禁锢不了斯宾诺莎自由的思想，他断然拒绝了这一低劣的收买手段。随后，斯宾诺莎还遭到了宗教狂热分子的袭击和暗杀，但幸好只擦伤了他的脖子。威逼利诱都没能击垮斯宾诺莎，1656年7月27日，犹太教会决定将他公开逐出教会。宣判书上这样写道："遵照天使和圣徒们的审判，并征得神圣上帝和本圣公会全体的同意,在这些神圣的《摩西律书》之前,并根据它所载的613条训诫,我们诅咒、孤立、憎恨和咒骂巴鲁赫·德·斯宾诺莎……主将永不饶恕他;主将对这个人表示愤怒和给予惩罚,并使他领受《摩西律书》中所诅咒的所有灾祸……我们命令:任何人都不得以口头或书面的方式与他交往,不得对他表示任何好感,不得与他同住一屋,不得与他同在两米距离之内,不得读他的著述和书写的任何东西。"

斯宾诺莎对此表现得非常从容,他回答说:"很好,这样他们就不能强迫我去做我本不愿做的任何事情了,假如我不担心诽谤的话。既然他们要这样干,我将愉快地走我自己的路,我带着宽慰的心情离去,比早年离开埃及的希伯来人更加无辜。虽然我的生活不比他们更有保障,但我不拿任何人的一点东西,而且不论将有什么样的不公正落在我的身上,没有什么东西可以使人们对我加以指责,我可以以此而自豪。"

从此,斯宾诺莎成了犹太人的公敌,人们指责他是犹太教的叛徒,恶毒地唾骂和诅咒他。虽然被世俗驱逐到了荒凉孤独的哲学国度之中,但斯宾诺莎却并不感到痛苦,他曾说:"真理是我们在自己能力范围之外所能发现的、最伟大和最幸福的东西。因为唯有真理,才能融合不同的观点和陶冶不同的情趣。"

02 / 在孤独中领悟真理

被开除教籍之后,斯宾诺莎被当局驱逐出阿姆斯特丹,他只能搬到奥微尔开克。他孤立无援,一贫如洗,只能靠磨制光学镜片为生。这是他从犹太学校里学来的一门手艺,磨制的透镜主要用于做眼镜、显微镜和望远镜。他的手艺超群,甚至以一名透镜专家的声誉引起了惠更斯等一些科学家的注意。他在这一时期开始撰写《形而上学思想》和《神、人及其幸福简论》,渐渐地得出了自己的哲学观点。

生存还是死亡?究竟是追求富裕与舒适的世俗幸福,还是追求真理与自由的精神幸福?这些曾在斯宾诺莎的心中发生过剧烈的冲突。在他的《知性改进论》中,他不无感慨地说:"当我受到经验的教训之后,才深悟得日常生活中所习见的一切东西乃是虚幻的、无谓的……经过深长的思索,使我确切见到,如果我彻底下决心,放弃迷乱人心的财富、荣誉、肉体快乐这三种东西,则我所放弃的必定是真正的恶,而我所获得的必定是真正的善……虽说这种私欲消散、心安理得的境界起初是很稀少而短促的;但是我愈益明确见到真正的善所在,这种境界显现在我心中,也就愈加经常、愈加持久。"

为了能够专心研究,斯宾诺莎于1660年初隐居到莱茵斯堡,住在一条狭窄的小巷里。现在这里以"斯宾诺莎小巷"而闻名于世。

在莱茵斯堡,斯宾诺莎潜心完成了《神、人及其幸福简论》。他从宗教出发研究哲学问题,在书中探讨了神及其属性、自然与创世、人及其幸福、人的精神本性与灵魂不灭。这部著作可看作是斯宾诺莎未来哲学体系的大纲。他在书的最后告诫读者:"不要为这里所阐发的新观点感到惊讶,因为你们完全知道,事物并不因为它没有为许多人所接受就不是真理,并且你们也不会不知道我们生活的时代的特征，因此，我极其诚恳地请求你们，把这些观点告诉他人时，务必要十分谨慎。"

斯宾诺莎的哲学著作很快在莱茵斯堡的政客、学者间流传，希望拜访他、向他请教问题的人络绎不绝。有人看到他常穿着一件破旧的睡袍，于是想要送一件新衣给他。但他说："一个人决不会因为穿了一件好睡袍而变得更有价值。"是的，他的思想才是真正的无价之宝。

虽然斯宾诺莎只在莱茵斯堡居住了短短三年，但这三年却是他一生中硕果累累的时期。他在这里完成了几部重要的哲学著作，思想趋于成熟。他从希伯来传统、布鲁诺的自然哲学和笛卡尔哲学中汲取营养，融会贯通，但他从未盲从过他人，而是凭借独立思考，摆脱了笛卡尔哲学思想的影响，最终形成了自己独立的哲学体系，并开始构思他一生中最重要的著作《伦理学》。

1663年，斯宾诺莎深感在莱茵斯堡已无法再获得宁静，于是搬到了伏尔堡，集中精力撰写《伦理学》。他常常好几天不出门，以一筐土豆果腹，只有房子角落里的蜘蛛与他为伴，而他常常从那精细的蛛网中收获哲学的灵感。在伏尔堡，他也结识了许多政治家和科学家，其中就有詹·德·维特。德·维特是一位开明的政治家，同时对哲学问题也很有自己的看法，与斯宾诺莎一拍即合，两人结成莫逆之交。

德·维特主张政教分离，提倡思想自由和信仰自由，这遭到了君主派和加尔文教的反对与攻击。斯宾诺莎坚定地站在了德·维特的一边。他希望通过自己的努力，竭力保护思想和言论自由，反对宗教偏执和不容异说，使哲学研究不再受到宗教信仰的束缚。于是，斯宾诺莎暂停了《伦理学》的写作，开始探讨宗教神学和政治问题，花费四年的时间写成了《神学政治论》。在该书中，他第一次用科学的历史方法重新解释了《圣经》，批判了神学家和君主派为了维护权威而对《圣经》的各种歪曲解读和捏造，主张破除神学对《圣经》的盲目崇拜，给予人民以信仰自由和言论自由，后人称之为"《圣经》历史批判学"。

他在书中写道："自由比任何事物都更为珍贵。我有鉴于此，欲证明容纳自由，不但于社会的治安没有妨碍，而且，若无此自由，则敬神之心无由而兴，社会治安也不巩固。"他毫不掩饰对自由的推崇，主张政治的真正目的是自由，被认为是西方自由主义的始祖和杰出的自由战士。

这本著作一经出版就立刻引起了极大的轰动，赞成它的人认为这本书给他们指明了宗教和政治问题改革的方向，而反对它的人则对其大肆攻击，称这本书是一本渎神的邪书，是"一个叛逆的犹太人和魔鬼在地狱里炼就而成"的，"应给他带上镣铐并加以鞭笞"。

1670年，斯宾诺莎离开生活了七年的伏尔堡，迁至海牙。由于对斯宾诺莎提供了有力支持和保护，德·维特也遭到守旧派和神学家的猛烈攻击。在1672年8月的一天，德·维特被一伙暴民残忍地杀害。斯宾诺莎对挚友的惨死痛彻心扉，本打算在街头张贴"野蛮透顶"的标语，幸好房东及时发现，将他锁在家里，这才使他避免遭人暗算。德·维特死后，斯宾诺莎遭到了更加肆无忌惮的污蔑与攻击，地方政府三令五申，禁止人们阅读和流传斯宾诺莎的著作。然而，斯宾诺莎的声誉不仅没有因为这些恶毒的污蔑而受损，反倒威望大增，声名鹊起，人们在私下竞相传阅《神学政治论》。

1673年2月，海德堡大学神学教授法布里乌斯写信邀请斯宾诺莎到海德堡大学担任哲学教授："您将享有哲学思考的最大自由,相信您不会滥用这种自由来动摇公众信仰的宗教"。斯宾诺莎思考良久,最终回信道:"公开讲学从来不是我的意向,因而考虑再三,我终不能接受这一光荣邀请……我不知道为了避免动摇公众信仰的宗教的一切嫌疑,那种哲学思考的自由将应当限制在何种范围……由于一种对宁静生活的爱——这种爱我认为我在某种程度上能够获得——我不得不谢绝这一公共的教职。"于是,这个能在半生颠沛的生命最后阶段享有世俗荣耀的机会,被斯宾诺莎舍弃了。同年5月,有人告诉他,只要他肯在著作出版时声明是献给法国国王路易十四的,就能得到一笔不菲的年金,但把自由视为生命本体的他,又怎能让哲学沾染上一丝铜臭味,他答道:"我只将著作献给真理。"

当他回到海牙时,一些不明真相的群众怀疑他犯有叛国罪和间谍罪,愤怒地向他掷石头。斯宾诺莎问心无愧,说:"我是无罪的。我们的一些主要政治家了解我为什么去乌特勒支。一旦有人来骚扰,我将出去找他们,即使他们会用对待善良的德·维特那样的办法对待我。我是一个地地道道的共和主义者,我的愿望是为共和国谋福利。"

1675年，历经14年，斯宾诺莎终于完成了《伦理学》。这是他一生哲学思考的血汗与结晶，系统地阐释了他的整个哲学体系，是他最完善的作品。但是，由于教会多方阻挠，斯宾诺莎不得不暂缓《伦理学》的出版。以至于该书在他生前都没能面世。

随后，斯宾诺莎转而开始撰写《政治论》。由于家族遗传的呼吸道疾病以及长年累月磨镜片吸入的玻璃粉尘，他的肺病日益恶化，身体变得羸弱不堪，因此他只写到第11章就不得不搁笔停置。

1677年2月21日下午，这位年仅45岁，正值智慧巅峰时期的哲学家与世长辞了，直到临死之前他还在与朋友探讨哲学问题。他一生独身，未曾婚娶，所留下的遗物只有一床两桌、一橱书、一个磨镜台而已。四天后，人们把他葬在了斯伯耶的新教堂，他的墓地紧靠他生前的挚友詹·德·维特。

根据他的遗言，他的所有家当和留下的透镜都被变卖以偿还债务和支付丧葬费用，没有焚烧的遗稿以匿名的方式出版。在他一生所写的所有著作中，除了《笛卡尔哲学原理》是以他的真名出版，其他的均为匿名。他从不看重虚名，宁愿人们关注哲学本身,而非他个人。斯宾诺莎曾说过:"自由人最少想到死,他的智慧不是关于死的默念,而是对于生的沉思。"这一刻,他的灵魂终于完全超脱了世俗的桎梏,获得了无与伦比的自由。

03 / 近代欧洲哲学史上最典型的泛神论体系

黑格尔说:斯宾诺莎哲学"是所有哲学研究的重要开端",所以,"要么是斯宾诺莎主义,要么不是哲学"。

在大半生的隐居岁月里,斯宾诺莎总是静静地思考,然后用发自肺腑的语言,不加任何雕饰地道出整个世界在说些什么。他的思想对于18世纪法国唯物论者和德国的启蒙运动有着颇大的影响,促成了从唯心到唯物、从宗教到科学的自然派过渡。

斯宾诺莎的研究者罗斯指出了他的哲学体系的四个特点:

一、斯宾诺莎哲学体系最重要特点是它的伦理学倾向。

他"首先是一位道德学家",他的哲学体系是为了探寻如何才能实现人的幸福这一根本目的,阐述了传统的形而上学、知识的产生和分类以及政治问题等等。斯宾诺莎认为,人类为了达到自由,首先必须充分了解自然,用理智认识事物;其次,还必须建立一个人人都能自由思考、自由表达的自由国家。除此之外,他还主张发展医学和机械学,追求道德哲学和教育学的完善。

二、斯宾诺莎哲学的第二个特点是"它的科学方向"。斯宾诺莎认为只有通过反思日常经验和掌握科学规律,人才能与神统一起来,进而得到幸福。斯宾诺莎的主要著作《伦理学》以及《笛卡尔哲学原理》都是用几何学的方法写成的。他用严谨的方法来描绘一个严谨的哲学体系。在他看来,这种方法是最清楚明白的,但对于读者来说却难免晦涩艰深,因此让很多人望而生畏。

海涅说:"数学的形式给了斯宾诺莎一个晦涩的外表,但这又有点像巴豆杏核的涩皮;正是因为这样,其中的果仁才越发味美。读斯宾诺莎的著作使我们产生一种感受,好像处于一个在静态中生气蓬勃的大自然——参天的思想树林，枝头开满了鲜花，在不断地摇摆着，但那无法动摇的树干却深深地扎根在永恒的土壤里。在斯宾诺莎的著作中，有一种难以说明的气息，人们仿佛感到一阵阵属于未来的微风。"

三、斯宾诺莎哲学主张"全体的统一性"。他否认那种以个别事物或个别现象本身来进行鼓励研究和认识的实物中心论观点，而是主张将其当成它们所隶属的整体的体现者来认识、把实物当作它们所隶属的那个系统的一个部分来加以解释的系统中心论观点。实体是斯宾诺莎哲学体系的最根本范畴。他认为实体就是无限的宇宙整体，而个别事物（他称之为样态）乃是这整体的一部分，部分的性质是由整体的一般性质决定的，离开了整体，部分既不能存在，也不能被理解。他认为思想和广延都是神或自然实体的属性，一个属性不能产生另一个属性，但每一个都各自完整地表现神或自然的实在性或存在。他的哲学原理既坚持了决定论原则，又强调了自由，将二者融会贯通，从而在泛神论的体系中解决了后来被莱布尼茨称为"著名的迷宫"的自由和必然的难题。

四、斯宾诺莎哲学的第四个特点在于它的宗教形式。政治守旧派和教会指责斯宾诺莎是无神论者，但事实上他是一个非常虔诚的宗教教徒，只不过他是以自己的方式在信仰上帝。斯宾诺莎哲学不但不否认神的存在，反而以神的存在为前提。他的上帝并不是《圣经》中那个全知全能、无所不在的唯一神，而是一个被人类一直感知、体验、了解，乃至将人类统合在内的存在。他主张神即自然，是唯一的实体，哪怕是一片落叶、一朵含苞待放的花，甚至一只小小的正在结网的蜘蛛，都是上帝神圣的一部分。他曾说："神没有被贬低为自然，而自然则被抬高到神。"他用实体唯一论解决文艺复兴以来兴起的自然主义精神与宗教和经院哲学所奉行的超自然主义精神之间的矛盾，建立了近代欧洲哲学史上最典型的泛神论体系。

斯宾诺莎主张心灵的最高德行在于认识神，而认识神的最好的方式是理性的直觉。直觉知识必然产生对神的理智的爱，对神的理智的爱是通过认识所达到的最高的道德境界。人类的躯体与灵魂都体现着神的体性，每个人都是自然，即神的一部分，因此爱别人就是爱神，也是爱自己。相反，伤害别人也就是自残肢体,亵渎神。最后,他得出的结论是:当人人都享有良善之时,才能实现真正的幸福。这种天下大同思想在斯宾诺莎的泛神论体系中具有了形而上学的理论依据。

他的哲学体系从始至终都贯穿着神的影子,从神出发,又以神为归宿。因此,罗斯这样评价道:"斯宾诺莎的哲学虽然不是一种宗教,然而却彻头彻尾地是有宗教性的。"费希特认为,纵观哲学史,只有康德的批判哲学和斯宾诺莎的哲学才是首尾一贯的哲学体系。

斯宾诺莎解决哲学问题的方向不仅与神学家和经院哲学家不同,而且与笛卡尔和培根的学说也有区别,因此他遭到来自不同方向、不同领域的人的恶毒攻击与诅咒,可谓是"举天下而恶之"。用莱辛的话说,人们对待他就像是对待"一条死狗",没人敢公开承认是斯宾诺莎的拥簇者。就连著名哲学家莱布尼茨也闭口不谈斯宾诺莎对他的影响,甚至还因为他的名字出现在斯宾诺莎遗著《书信集》里而大为恼火,唯恐受到他"恶名"的牵累。

斯宾诺莎最早的传记家卢卡斯说:"我们的时代是很文

明的，但并非因此对待伟大人物就比较公正。虽然我们这个时代的最可贵的文明都归功于这些伟大人物，并从而幸运地获得好处，但是，或来自妒忌，或来自无知，我们这个时代竟不允许任何人来赞美他们。使人惊奇的是，一个人为了给这些伟人立传，他自己不得不躲藏起来，好像他是在从事犯罪活动似的。"这足以窥见，在当时的社会环境下，斯宾诺莎的遭遇是多么悲惨，在西方哲学史上，几乎找不出第二个像他这样"一个圣洁的被驱逐的人"。然而，在那些寂寞的岁月里，他的智慧之花却比别人开得更加鲜艳，直至300余年后的今天，世人仍能嗅得到他的思想留下的芬芳。

04 / "当时哲学的最高荣誉"

英国大哲学家罗素曾说过："斯宾诺莎是伟大哲学家当中人格最高尚、性情最温厚可亲的。按才智讲，有些人超越了他,但是在道德方面,他是至高无上的。"

斯宾诺莎去世后,他的理发师带来一个季度的理发账单,账单上写着"美好记忆中的斯宾诺莎先生"。他生活节制清贫,一天的生活花销也不过几个便士。假使他肯向世俗稍稍低一下头,那么他的生活将富足得多,许多人都愿意向他倾囊相助。但是他说:"大自然并无过多的要求,所以我也如此。"对于钱财,他一向视为身外之物,"财物之获得必以维持生命为度",除去生活所需,他宁可把钱留给更需要帮助的人。

他的传记作者曾这样写道:"他每一季度都很细心地计算他的账目,他这样做是为了做到每年的花销既不多也不少。他有时会对和他同住一所房子的人们说,他像一条尾巴在口腔里而形成一个圆圈的蛇。这意味着,他到岁末没有剩下什么东西。他还说,除了一个合适的殡葬所必需的,他不想储蓄更多的钱。"

他的朋友德·维特为了支持他进行哲学研究,曾向他提供了一笔200弗罗林的年金。在德·维特去世之后,其继承人曾经犹豫过是否还要继续支付。斯宾诺莎的友人劝他拿出当时的法律文书，维护自己的合法权益，但是斯宾诺莎却将那份文书还给了德·维特的继承人，称即使不再支付，他也不会有任何怨言。他的光明磊落让对方自惭形秽，立即恢复了对他的资助。

斯宾诺莎虽然深居简出，常常埋头于研究之中，但他并非遁世者，他有许多真诚的朋友，虽然迫于当时的社会压力，他们无法公开地对他表示支持，但始终与他保持长期的联系和良好的关系。在那朴素的外表之下，是他难以掩盖的人性光辉。熟知斯宾诺莎的人都说他是个诚实友善、谦恭仁厚、道德高尚的人。当看到身边的人受苦时，斯宾诺莎总是倾尽所能宽慰他们，劝告他们耐心忍受这些不幸，因为上帝一定不会辜负善良的人。他教导孩子们尊重和孝顺父母，鼓励人们去教堂听布道，从不把自己的哲学理论和宗教观念强加给别人。

美国心理小说家欧文·亚隆在写作《斯宾诺莎问题》时一度感到非常苦恼，因为他从斯宾诺莎的生平中找不到任何关于妒忌、世俗或者重逢等戏剧性较强的情节。他就那样安静地活在自己的思想中，不沾染一丝俗世的尘埃。

那些与他同龄,甚至比他年长的人都以一种弟子般的敬意注视着这位哲学家,倾听他的教诲。他的作品中没有一丝利己之心,而是一种公正廉洁的境界、一种无限信任人类良善的道德境界,他用理智控制情感,用爱抚平世间对他的一切不公。即使那些用一切恶毒言论去攻击斯宾诺莎的人,都从没有责难过他的道德品质。

即使世俗对他有太多的不公,教会强加给他"肆无忌惮的犹太无神论者"的恶名,他也处之泰然,始终心境平和,面带微笑。他知道如何成为激情的主人,"我努力使我不生活在忧虑和悲伤中,而是在宁静、欢乐和愉快中度过,因此我能到达较高的境界。"

亨利·托马斯说:"没有比斯宾诺莎更孤独的人了。"的确,也许斯宾诺莎的一生总是处于"虽千万人吾往矣"的孤独境遇中,但他知道,即使整个世俗世界都放逐了他,他也能找到心灵的栖身之所,那里没人能够打扰他。他的思想与灵魂能够徜徉九天之上,去探寻无垠的宇宙奥秘。斯宾诺莎正是在这种孤独中领略人生的幸福,因此他的思想愈加深邃,他的道德愈加纯粹,他的精神愈加永恒。只有如他这般虔诚的人，才能叩开真理的大门。

德国诗人海涅说："斯宾诺莎的一生没有丝毫可非议的余地，这是可以肯定的。它纯洁、无暇，就像他那成了神的表兄耶稣基督的一生。而且有如基督，他也曾为了自己的学说而受苦，并像基督那样戴上了荆冠。"

德国哲学史家德尔班在斯宾诺莎逝世200周年时说："为真理而死难，为真理而生更难。"斯宾诺莎燃烧了自己的整个生命，用自己所有的光芒去照亮人类的进步与自由事业。马克思和恩格斯给予斯宾诺莎以"当时哲学的最高荣誉"，认为他对后世哲学的影响不可估量。

1800年，海牙市政府在斯宾诺莎故居附近为他建了一尊雕像。在为斯宾诺莎的雕像揭幕时，欧内斯特·雷南指着斯宾诺莎曾经生活过的房子说："也许从这里看上帝是最近的。"这座静静矗立的斯宾诺莎雕像面容安详，目视前方，一双智慧而稍显忧郁的眼睛似乎正透过永恒的时空，关心着人类的自由与幸福。

王成军

微生物学领域的开拓者
——列文虎克

荷兰，向来是一个充满诗情画意的国家。凡·高笔下绚烂又张扬的向日葵取材于荷兰大片的向日葵田，他所描画的星空夜景在荷兰平凡的小村庄随处可见。在这个被郁金香和风车包围的国家，诗人和画家辈出，音乐家也大有人在。然而，在这个浪漫的国家里，也出过一位以严谨和热爱实验而闻名于世的微生物学大师，他就是安东尼·列文虎克。

安东尼·列文虎克（1632—1723年），荷兰显微镜学家，微生物学的开拓者。列文虎克出生在荷兰乡村代尔夫特，并没有受过专门的教育，甚至连学术界通用的拉丁文也看不懂。可就是这样一个人，由于勤奋及天赋，他磨制的透镜远远超过同时代的人。他的放大透镜以及简单的显微镜形式很多，透镜的材料有玻璃、宝石、钻石等。他一生磨制了400多个透镜，其中有一架简单的透镜放大率竟达270倍。他一次又一次地让英国皇家学会赞叹。

01 / 从农村小子到磨镜专家

列文虎克1632年10月24日出生,在荷兰代尔夫特的乡村长大,父亲因为酗酒去世早,他是家里唯一的男性,和母亲相依为命,地里的庄稼活都是他的事儿。通常,母亲要比列文虎克早起半个小时,待他收拾妥当时,早饭已经做好了。给马槽换好水、添上草料、打扫干净昨夜积累下的马粪,列文虎克急急忙忙地坐到餐桌前。吃过早饭,这一天才算正式开始。此时,天则微微亮,周围很多住户的茅屋上也陆陆续续冒起了炊烟……17世纪的荷兰乡村是平静和谐的,农民们生活艰苦却又乐观,村里的小路四通八达,清晨时分,提着农具、驾着牛马的农夫、农妇精神饱满,相互问候着走进地里。日子是苦了点儿,但只要辛勤劳作,吃饱肚子不成问题。

12岁的时候,列文虎克就放弃了读书。他是个早熟的孩子,实在不忍心看母亲肩上的担子那么重,想要帮妈妈分担点活儿。母亲也知道儿子是个倔脾气,最终也就随他去了。

青春期的大男孩儿往往是活泼好动的，列文虎克更是不例外。村里穷是穷，可自然风光真的是特别好，花鸟鱼虫、有山有水，该有的美景样样不少。荷兰气候温和湿润，代尔夫特的乡村更是把这种海洋性气候的温和体现到了极致。此时,工业革命的风潮并没有波及这种边缘性的小村落，工厂浓烟滚滚的大烟囱离这个村子还很遥远。清晨的阳光澄澈透明，照得树叶上的露珠闪烁，叶脉在露水下清晰明了，丝丝缕缕的脉络错综复杂，浅色的是枝干，深色的是叶子的叶肉。列文虎克经常盯着它，一看就是个把钟头，"奇妙极了，真是奇妙极了！"每一次他都忍不住赞叹道。露水虽小，但好像有放大事物的功能。小小的露珠晶莹剔透，宛若打磨好的宝石，浑然天成。有时候，树叶上会有几粒尘埃，在露水下，尘埃恍然被放大了好几倍，运气好的话，连尘埃上的纹理都会显示得清清楚楚。这时的列文虎克并不清楚，他所痴迷的现象其实就是一种凸透镜放大的原理，而充当了放大功能的露珠，实际上可以被看成一种纯天然的放大镜。农活是复杂烦琐的，对十几岁的列文虎克而言，在辛苦的劳作之后，最舒适的放松方式就是去屋子后面的山坡上放放羊、喂喂马。解开牛马颈上的绳子，让它们自由地吃草，列文虎克则躺在草地上闭眼假寐。有牧羊犬在，不用担心牛马会跑丢。他嘴里叼着狗尾巴草，拿着不知名的叶子对着阳光细细观察。叶片周围有绒毛，细密的白色绒毛层层叠叠铺满了整片树叶，但摸上去并不扎手。"要是有什么能让我看清这叶子上究竟是什么构造就好了，有这种仪器吗？"列文虎克有时会冒出这样一个想法。春天已经来了，柳絮被风刮得漫山遍野都是，有的团成团滚到茅屋边，有的掉进污水里，还有的沾到牛粪马粪上，白乎乎、软绵绵的，哪里都是。有一次，列文虎克在池塘边的水坑里看到了一簇，柳絮被污水泡开后，卷曲的丝缕散成一团，在水中呈放射状摊开，像是一把羽毛扇的边角染上了污垢，似乎捞出来洗一洗、晾一晾就能恢复原样，让列文虎克大感奇妙。可这个微观世界的美景只有列文虎克才能懂，旁人并不理解，也没那个闲工夫去了解。所以，这也就成了列文虎克一个人的小秘密。

农村的生活简单又快乐，可转眼小伙子就要长成大人了，母亲的两鬓也早已斑白。母亲开始逐渐意识到儿子已经不小了，整天在地里干农活，现在家里勉强够吃喝，可是过两年儿子就该结婚了，这么下去始终不是办法，有两件事必须要提上日程了：一是多挣钱，二是该让列文虎克出去闯荡一两年，长长见识。终于，在16岁的时候，列文虎克在同乡人的推荐下，去荷兰阿姆斯特丹市的一家染布店当起了学徒。

当学徒的日子一点儿也不比整天干农活轻松，寄人篱下的列文虎克经常要看人脸色，每天除了干不完的烦琐活儿，还常常吃不饱肚子，而十六七岁的小伙子正是长身体的时候。刚来布店时，列文虎克的确傻乎乎，但做生意却要求要精明些，一点小眼色、小技巧是必不可少的。按照店老板教的，顾客过来买布，生客就稍微少给点，熟人就要多给一小截，让熟客知道他们是占了便宜的，这样他们才会再次光临。列文虎克刚开始的时候确实挨了不少骂，但也算是积累了社会经验。然而，他打心底不喜欢这些无意义的小计较，心情苦闷的时候，列文虎克喜欢找个安静的地方一个人待着。艰苦的生活并没有击败这个倔强的青年，他白天干活，晚上就打着油灯看书。

不得不说，城里的新鲜玩意儿还是不少的。自17世纪以来，阿姆斯特丹就是荷兰最大的城市。阿姆斯特丹的富贵人家最集中，达官贵人不计其数，最时髦、最流行的东西也大都是从这个城市发展起来的。当时比较流行的一种打扮就是佩戴眼镜，因此出现了很多以此为生的专门的磨镜人。手工打磨出来的眼镜大多价值不菲，镶着金丝边框，有的上面甚至还装饰着五颜六色的宝石。在那个人力、物力以及科学技术都不甚发达的年代，一副精美的手工镜成了很多人用来彰显身份和地位的东西，因而眼镜行业大受追捧。阿姆斯特丹城内有许多眼镜店，这些眼镜店不仅磨制近视镜和远视镜，而且还接受放大镜的定制，就是价格非常昂贵。列文虎克从朋友那里听说了这种奇特的东西，就去眼镜店里看了看，但由于价格太贵，他只能遗憾地离开。但是，从那时起，拥有一副自己专属的放大镜却像一颗种子一样，埋在了列文虎克的心底。

一个人在外漂泊，列文虎克逐渐体会到了生活的不易，时间将当初那个懵懂的青年打磨成一个成熟可靠又富有责任心的男人。一直在外打工并非列文虎克想要的生活，他决定等自己掌握足够多本领后，就返回家乡。

四年之后，学成制布手艺的列文虎克回到了家乡代尔夫特市，并用这些年来做学徒积攒下来的钱开了一家小小的丝绸店。由于为人诚恳善良，店里的布匹物美价廉，列文虎克的生活慢慢地好起来了。他把乡下的母亲接了过来。不久以后，列文虎克娶了同乡的一个温柔的姑娘，家里的小日子越过越好。除此之外，列文虎克也逐渐建立了自己的朋友圈。一次聚会时，好友彼得对他说："伙计，你听说了没有，最近市政厅在招募管理人员。反正你也有空闲时间，丝绸店的生意也不用发愁，不妨去试试。"列文虎克想了想，觉得也没什么不可以，第二天就去代尔夫特市的市政厅应聘。一番周折之后，列文虎克成了市政厅的一名看门人。看门的工作很轻松，除了每天要在特定的时间开门、锁门之外，列文虎克几乎无所事事。他不用再担心经济问题，生活轻松惬意，于是重新拾起了自己的兴趣。

多年前，他去阿姆斯特丹的眼镜店时就发现，磨制镜片其实并不难，最关键的因素除了技巧，就是足够的耐心。列文虎克坚信自己有足够的耐心做好这个事情，反正时间充裕。市面上可以用来制作透镜的材料有很多，最便宜的是普通的透明石头，其次是玻璃，当然，也有宝石和钻石，但那太贵了，一般人买不起。透明石头的价位不高，但是相对而言不好磨制，损坏率高。玻璃磨制的透镜效果不错，但由于玻璃是易碎品，所以使用年限不长。钻石磨制出的透镜最美丽，也最耐用，如果切割得当的话。列文虎克去当地的原石市场考察了很多次，最终以比较实惠的价格购买了一批石头和几块玻璃，开始了自己的"磨镜大业"。

据记载，列文虎克一生制作了400多个各式各样的透镜。在他的所有作品里，有一个不起眼的小透镜甚至达到了270倍的放大率，连泥水中的微生物和细菌都能够观察到。在17世纪的荷兰，这是很了不得的成就。因此，也有人称列文虎克是兼具勤奋与天赋的显微镜学家。在微生物学领域，他是当之无愧的开拓者和领路人。

02 微观世界里的奇妙人生

一个人生病了,医生开了两片阿司匹林给他,让他饭后吞服。阿司匹林片不大,有点儿苦,要是不小心卡在肿痛的喉咙里的话,病人绝对不会好受的。人在感冒发烧的时候,鼻腔和口腔内的黏膜便会开始肿胀并发红。黏膜表面会产生大量的白细胞,聚合成痰,在病人咳嗽时将口腔内的细菌带出体外。这都属于微观生物和化学领域的知识,而这一切知识的领头人,正是列文虎克。微观世界里的阿司匹林和我们肉眼看到的并不一样。在人的肉眼之下,阿司匹林只是普通且苦涩的白色药片,没有什么特别之处。但是在显微镜下,阿司匹林是绿色的,也可能是紫色的。它的结构是片状的,由一个点向周围散射,有点儿像羽毛,或是鸡冠花的一片花瓣,形状优雅美丽,不会让人联想到它竟然是药物。阿司匹林只是列文虎克众多观察对象中的一个。除此之外,列文虎克还观察过各种晶体、动植物的皮毛、昆虫的翅膀或是大腿,以及污水中的砂砾。在高倍数的放大镜下，叶片不再只有一种绿色，而是由深绿、墨绿、浅绿组成的一幅生机勃勃的图画。叶脉如同树干一样铺展在整片页面上，细碎的叶肉细胞一个挨着一个，紧紧密密地整齐排列着，像是砖块一样累积在一起，异常整齐、和谐。而这些奇妙的景象都是我们在日常生活中很难见到的，这就是微观世界最吸引人的地方。如果说人们肉眼看到的东西都是表象的话，那么对这些东西的放大观察和仔细研究就相当于是透过现象看本质，探索其更深层的规律了。

诺贝尔是瑞典著名的化学家。他有一个习惯，时刻保持指甲干净，不让指甲缝中有一丝的灰尘和污垢。他曾经说过："充满煤烟和灰尘的火车车厢就好比是一个活动的监狱。"为什么说脏兮兮的火车车厢是活动监狱呢？这就要从列文虎克的发现说起了。

列文虎克第一次磨成的凸透镜片是一个只有硬币大小的小玩意儿，成果虽小，但是意义重大。由于镜片实在是太小了，列文虎克就做了一个小小的铜架箍在透镜的外侧，并在下方装了一块铜制的板子，这样，他观察物体就更加方便了。列文虎克还在铜制的板子中间钻了一个小小的圆孔,并将做好的透镜放在灯的上面,使得灯光透过圆孔反射在透镜的焦点处,反射出他所要观察的东西来。世界上第一台显微镜就在这偶然之间被制成了。令人惊喜的是,虽然这是列文虎克的第一次尝试,但是结果十分令人满意。这个显微镜的放大效果超过了当时世界上所有的显微放大镜。在拥有了自己的显微放大镜后,列文虎克迫不及待地将手掌放到了显微镜下面,皮肤的纹理在显微镜下特别鲜明。肉眼下的手掌至少是光滑的,而在显微镜下,手掌就像晒干了的柑橘皮一样粗糙,令人震惊。而显微镜下蜜蜂的毒针就像是一把精密的武器,针头淬满了毒液,让人有点害怕。

1674年,列文虎克开始观察细菌和原生生物等非常微小的生物。他为这些微小的生物起了一个名字——狄尔肯,意思是细小又活泼的物体。1675年的一天,同往常一样,列文虎克继续着自己的科学研究。暴雨过后,阳光穿过乌云射进窗户,照在试验台上。忽然之间,列文虎克萌生了一个想法:为什么不看看透镜下的雨水呢?列文虎克马上拿着滴管,去庭院中积水的水坑里吸收了几滴,放到显微镜下观察，发现雨水中竟然有活的东西在一直不停地动，而且不是一只，是一堆。"为什么？难道这里面有我不知道的虫子吗？"列文虎克想不通。他又把雨水拿到肉眼下观察，觉得不可能是虫子。"那这到底是什么呢？"接下来的日子里，列文虎克开始不断地思考这个新发现背后的原因。如果雨水中有某种生物存在，那平时喝的水呢？列文虎克又把烧开的沸水放到显微镜下观察，这次他发现好像又没有那种会动的"小虫子"了。他对这个问题越来越感兴趣，就在干净的水中加入泥土，这次他发现那种生物又出现了。他将碎草屑和腐烂的叶子加入干净的水中，发现小生物的数量迅速增加，而放置了好几天的干净的水中竟然也会凭空长出那种小东西，而且随着时间的增长，小生物的数量越来越多。通过各种实验和对比研究，列文虎克确定：这种细微的生物是真实存在的，只是它太小了，肉眼根本观察不到。上完厕所不洗手的话，手上会有这种小东西，过期的变质食物上也会有，牛棚里的粪便上更会有。其实，这便是我们现代人所说的细菌。列文虎克在物质条件和科技水平如此落后的年代，竟然观察到了细菌，不得不说，这真是了不起的成就。所以也就不难理解,为什么诺贝尔说拥挤肮脏的火车车厢就像是一个巨大的监狱了,而监狱里的犯人正是细菌。

列文虎克将自己的这一发现写成研究报告,寄给了当时的英国皇家学会。这篇报告在当时的时代无疑是超前的,皇家学会的人读完报告之后都觉得不可思议。"雨水里怎么会有生命?这简直是胡闹。"有的人这样说。"是啊,不就是一杯水么,里面要是有东西的话,那我们平时还怎么用水?"他们刚开始都觉得,列文虎克大概是个骗子,他所谓的科学研究缺乏逻辑体系。列文虎克的这篇研究报告像一颗炸弹一样,顿时引起了英国学术界的一片震惊。根据皇家学院的规定,任何科学发现都需要经过严格的验证,才能被确信为真。因此,尽管抱着怀疑的态度,皇家学院还是派了12名代表组成代表团,前往代尔夫特调研。在列文虎克的小实验室里,代表们惊叹于他磨制的几百个各式各样的透镜,并在他自制的高倍数显微镜下观察到了列文虎克所说的微生物。在看到微生物的一瞬间,代表团中的一位老学者忍不住惊呼道:"上帝啊,这竟然是真的,真是太不可思议了。"这些调查人员们个个激动不已，有人忍不住赞叹列文虎克的发现具有跨时代的意义，为他们的科学研究打开了一扇新的大门。这些人回到英国以后，就立即撰写书面报告，称列文虎克的研究是少有的奇迹。

列文虎克进入微生物领域少不了自己的自学和钻研。严格来说，列文虎克并未接受过任何专业的学术训练，他的学科基础十分薄弱。除了最基本的荷兰文，列文虎克并不会其他任何的语言，而当时主流的学科著作大都是用拉丁文写的，这也就为刚开始接触生物化学学科的列文虎克带来了极大的困难。然而，有兴趣的支撑，这一切在列文虎克眼里都算不上大问题。不懂其他文字，无法理解当下的学术著作，那就慢慢学，慢慢看，没法阅读相关的参考资料，那就自己琢磨研究，总有解决问题的办法。

自从制作出第一架透镜后，列文虎克就开始将身边所有能观察的东西都放到透镜下观摩。渐渐地，这个透镜的放大效果满足不了他的要求，他想要做一个更大、更好的凸透镜。为此，在闲暇时间，他更加认真地磨制透镜，有时候甚至废寝忘食。过了一段时间，列文虎克辞去了他的公职，开始专心于自己的透镜制作。他把家里的一间小房间收拾出来，整理成了一个小实验室，整天待在实验室里磨制透镜。列文虎克磨制出来的透镜越来越大，倍数也越来越高，能把最细小的东西放大几百倍。作为一个零起步的自学者，在研究动植物细胞的过程中，列文虎克积累了大量的动植物学知识。常年的透镜磨制工作锻炼了他的动手能力，使得他十分擅长各种实验和数据记录工作，为他后来的成功打下了良好的基础。

列文虎克的成就是不凡的。他不仅是最早发现微生物的人，而且还记录下了人体肌肉中的纤维细胞，甚至还观察到了毛细血管中血液的流动情况。以观察肉眼看不到的细小生物为导向，借助各种高倍数的显微镜，列文虎克的科研工作进行得一帆风顺。有一次，列文虎克专门找了一位从来不刷牙的老头，用棉棒蘸取了老头牙缝中的污垢，涂抹到薄玻璃片上，放到显微镜下观察。他发现玻璃片上有各种各样的生物，如同豆子一般的小颗粒最多，其次是红色的线性长虫，还有若干不知名的生物，恶心极了。他又找来了一名有洁癖的少妇，同样蘸取了她牙缝中的唾液，放到显微镜下观察。这次，他发现显微镜下如同豆子大小的小生物少了很多，微生物种类也少了。如果说前一位老者牙垢中的微生物像是填满了整个屋子的黄豆的话,那么后一位少妇口中的微生物数量仅仅相当于在地板上铺了一层黄豆。通过对比,他得出一个结论,细菌广泛存在于人身体的各个部位。细菌的数量取决于个人的生活习惯和爱好清洁的程度。他进一步推测,许多人患上肠胃疾病或是牙疼之类的病症,与此不无关系。在今天,这已经成了我们所有人都知道的常识:生水里有细菌,直接饮用的话,容易患肠胃炎,而饭前便后要洗手、每天早晚洗脸刷牙更是人人习以为常的事。

03 / 留得生前身后名

一直以来,列文虎克的研究内容无非是以下几项:磨制各种倍数的凸透镜,寻找研究对象,在显微镜下仔细观察研究对象,改变研究参数进行对比,以发现所观察物的性质特征,撰写调查报告。在研究的过程中,列文虎克逐渐发现一个问题，调查报告大都是以文字的形式写成的，而显微镜下的微生物是多种多样的，文字只能记录和描述这些"小居民"的形状、颜色和运动特点，而这些描述往往是抽象的，并不能直观地反映出显微镜下微生物的形象特征。为此，列文虎克苦恼了很长时间。列文虎克有一个可爱的女儿名叫丽莎，喜欢画画。丽莎的画给了列文虎克极大的启示，为什么不把显微镜下的微生物也画出来呢？这样它们的结构规律不就更加清晰可见了吗？

说起来容易，干起来难。显微镜下细菌的形态多种多样，更别提链球菌、螺旋菌了。而且这些细胞并非是静态的，有的细菌很活跃，移动速度很快，处于运动之中，而有的细菌的移动轨迹相对较慢，但也有自己的运动规律。绘制图像必须建立在充分了解细菌的形态和运动规律的基础上，因此，大量的观察研究就十分有必要了。当时的列文虎克已经是荷兰科学界内小有名气的实验家了。他招募了一位助手，也算是他的半个学生——哈姆，协助他进行研究工作。1677年，列文虎克与哈姆共同研究了人、兔子和狗的精子的运动规律，并把精子的形态结构绘制成了图画。这一发现影响深远，对遗传学的研究作出了重大贡献。显微镜下，精液中的精子细胞高速运动着，特别活跃。精子的形状就好像小蝌蚪一样，头部浑圆，拖着一条长长的尾巴。一小片玻璃片上铺开的精子数量成千上万，这些活跃的细胞窜来窜去，一刻都停不下来。通过研究，列文虎克证实了一点：作为生命繁殖的重要元素，精子细胞不仅数量众多，而且生命力顽强，极其活跃，即使放置很长时间也不会死去。而且相对而言，繁殖能力越强的物种，其雄性动物的精子的活性也就越强。

列文虎克的科研工作一向是保密的，他更喜欢独自一人慢慢钻研。列文虎克有一位交往甚密的好朋友，名叫德·格拉夫，是一位医学专家，兼任解剖学家，还是英国皇家学院的通信员。格拉夫早就听别人说起，列文虎克在研制一种秘密的透镜。有一天，他带着礼物登门拜访列文虎克。见好友过来拜访自己，列文虎克特别高兴。他拉着格拉夫参观了自己的实验室，向格拉夫展示了自己多年以来磨制的各种凸透镜、放大镜和各种倍数的显微镜。格拉夫完全被列文虎克的研究成果惊呆了。列文虎克做好的各种镜片有几百种，他的实验室就像是一颗明珠一般，默默地等着探索者来发掘。格拉夫考虑再三，建议列文虎克把这些显微镜和观察记录公布给世人，让更多的人了解他的贡献。乍一听到朋友的建议，列文虎克有些犹豫。格拉夫劝解道："你现在所做的这些都是了不起的发明，你应该把自己的成果送到英国皇家学会去，这样才不会失传。这些都是你自己的研究成果，公开这些对你并没有什么坏处。谁也不能用任何方式侵占你的劳动成果。我知道你把它当作自己的个人财富，但是只有向世界公开了这些伟大的发明，人们才能了解到你的成果早已经走在世界前列了，这些都是人类还没有深入探讨过的新课题。"格拉夫的话引起了列文虎克的深思。1673年的某一天，英国皇家学会收到了一封厚厚的来信，是用工整的荷兰文写成的。列文虎克将自己多年来科学实验的研究方法和成果汇集起来，一起献给了皇家学会。这封信轰动了英国学术界。自此之后，列文虎克的名气也越来越大。

任何科学研究成果的取得都与日复一日的辛勤工作是分不开的。由于长期磨制透镜，列文虎克的双手早已布满了老茧，皲裂又粗糙，他的手部关节经常发炎，一到下雨天就疼痛难忍。1680年，列文虎克被选为英国皇家学会的会员，20多年来的辛勤研究终于获得了最好的认可。然而，成功的喜悦并没有冲昏列文虎克的头脑，他常常思索，自己的科研就只能做到这一步吗？还有没有继续创新和深入挖掘的方法？

1684年，列文虎克靠多年的积累，终于弄清楚了红细胞的形状。他在一篇调查报告中以极其精准的语言描绘了红细胞，测算出了人体血液里红细胞的大小，并证明了科学家马尔皮基推测的人体表面的毛细血管层是真的。他的这一发现又将生物科学的研究向前推进了一大步。在和英国皇家学会建立起密切的联系之后，他将自己的科研成果陆续发表在了皇家学会的学术期刊上，他所绘制的细菌、葡萄球菌的图片也在《皇家学会哲学学报》上展示过。

有一位记者曾经采访过列文虎克，问他成功的秘诀是什么。列文虎克笑了笑，伸出了自己干枯得如同树皮的双手，在记者眼前晃了晃："先生你看，这就是原因。"若是没有发自内心的热爱，没有孜孜不倦的追求，谁能有这样辉煌的成就呢？

列文虎克是长寿的，在当时的物质条件和社会状态下，很少有人能够活到 91 岁的高龄，但是他做到了。他健康的身体状况与多年养成的早起锻炼的良好生活习惯是分不开的。他不仅热爱微生物学，也热爱大自然，喜欢经常去野外和乡间走动。此外，列文虎克为人宽容，很少与人发生纠纷，与他人的关系十分融洽，这也是他长寿的一大重要因素。晚年的列文虎克在年少生活的村落里建起了一座小房子，过着半隐居的生活。

尽管年事已高，健康状况一年不如一年，但列文虎克却从未放弃过他的研究。磨制透镜已经成了他日常生活中必不可少的一个习惯。1723 年 8 月 24 日的清晨，一向早起的列文虎克却没有起床。他的生命将要走到尽头。临终前，列文虎克叫来了自己的好友霍霍弗利特，嘱咐他在自己去世后，将自己的科研成果和显微镜捐给英国皇家学会。这一天，在女儿和好友的陪伴下，91 岁的列文虎克安详地离开了人世。

不久之后，英国皇家学会收到了一大包东西。列文虎克的两封信里详细地记录了各种倍数显微镜的制作方法，另外，列文虎克还捐献了 26 个显微镜和几百个各种型号的放大镜。直到今天，列文虎克在几百年前制作的显微镜中，有一部分还在被皇家学会的科研人员使用。

列文虎克在世的时候就已经闻名国内外，有许多著名的人物专门登门拜访。英国的安妮女王以与他谈话为荣，俄国的彼得大帝也特意观赏过他制作凸透镜的过程。作为杰出的显微观察家，列文虎克在生物学史上是相当重要的。直到 19 世纪，显微科学的研究才超过他的水平。在 2004 年票选的最伟大的荷兰人中，列文虎克排名第四。

王成军

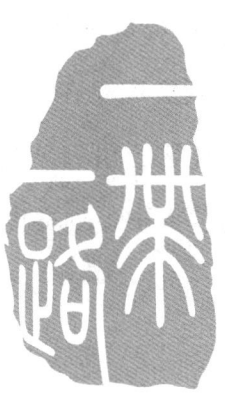

绘画奇才

——凡·高

文森特·威廉·凡·高（1853—1890年），荷兰后印象派画家，出身于新教牧师家庭，是后印象主义的先驱，并深深地影响了20世纪的艺术，尤其是野兽派与表现主义。凡·高一生有864幅油画、1037张素描、150幅水彩画。从题材来看，他独爱肖像画，一生画过35幅自画像，4幅覆盖在以前的练习画上，7幅在习作的背面，7幅在纸板上画的。他的代表作有《星空》《向日葵》《有乌鸦的麦田》等。目前，他的作品已跻身全球最著名、最珍贵的艺术作品的行列，主要收藏在法国的奥赛美术馆和苏黎世美术馆。

凡·高早期的作品多为灰暗色系，直到他在巴黎遇见了印象派与新印象派，融入了他们的鲜艳色彩与画风，创造出了独特的个人画风。作为荷兰后印象派的代表作家，他摒弃了一切自己后天学到的作画知识，漠视学院派珍视的教条，在作画时沉浸于自己的创作空间。他说："为了更有力地表现自我，我在色彩的运用上更为随心所欲。"理性的存在已经变得不是那么有必要，他的眼中只有那生机盎然的自然景观，他全部身心陶醉于其中。天地万物已融于他的脑海中，展现在画布中，他已经与画成为不可分割的整体。

他追求着自己的内心所向,而对艺术的热爱是他一生的执着。他是用心灵作画的大师。他说:"我的作品是由心灵而作。""我的作品就是我的肉体和灵魂。为了它,我甘冒失去生命和理智的危险。"

01 / 孩群中的"异类"

凡·高在 1853 年 3 月 30 日出生于荷兰南部布拉邦省津德尔特市集中心的牧师公馆,他的父亲是荷兰新教牧师提奥多勒斯·凡·高,母亲是当时海牙的贵族安娜·克纳莉亚·卡本特斯。可以说,凡·高从小生活是比较富裕的。

1857 年,他的母亲告诉他:"凡·高,你将会有一个妹妹或弟弟了。"5 月 1 日那天,伴随着"哇哇哇……"的哭声,一个小男孩降临在了这个家庭。这个男孩对于凡·高的一生有着很重要的影响,他是凡·高一生的知己,也是唯一的朋友,更是他挚爱的弟弟——提奥·凡·高。

虽然家里不止凡·高一个孩子,可是他就是不喜欢热闹,从小就有些孤僻,他的父母亲也很担心他。于是,在1959年,他被父母送进了津德尔特的公立学校。

可事实没有如父母所愿。住进学校的凡·高性格还是没有多大改善,甚至和大家格格不入。他一点也不受欢迎,这样的学习环境让他无法忍受,于是他变得越来越叛逆。

1861年10月底,他退学离开了这所给他留下了不好回忆的学校。在这一年,他画出了人生中第一幅素描——《猫》。

"凡·高,这是你画的吗?非常好,画得很棒!"

但就在得到母亲的夸奖时,他却顺手把画撕了,他的第一幅画作就这样被他毁了。

后来,父母请了家教对他进行各种培训,一共三年。但凡·高在这三年里还是没有什么变化。

于是,母亲又把他送去离家13英里的泽文伯根镇的一所名为普罗维利的寄宿学校,希望他能结识一些上流社会的朋友。凡·高在这里待了两年。

突然来到寄宿学校,凡·高根本没办法适应,他感到恐惧,也感到孤单。因为长着一头红头发,他还时常被人嘲笑。

凡·高觉得自己就是个异类，总想躲开别人的视野，可总是事不如愿，到处都能听到别人的嘲讽。为了摆脱害怕和痛苦，他决心要回家。为了回家，他开始逃学。可是没过多久，凡·高又被迫回到寄宿学校。在这个过程中，凡·高的痛苦有增无减。1866年9月，父母最终不得不将他转学到蒂尔堡学校。

这所学校需要通过考试才能入学，父母非常担心他不能被录取。但最后他以优异的成绩被这所学校录取了。1867年7月，他以第四的成绩升入二年级，大家都很惊奇这个不大喜欢言语的孩子学习成绩居然会这么好。

1868年，在他即将15岁之际，心中对自由的追求越来越强烈。他不喜欢受人束缚，虽然父母为他花了很多的钱，费了很多的精力，才得以进入这个学校，但是他不想再过这样的生活。就在学期结束前的两个月，他背着行李离开了蒂尔堡，决定回家。

接下来的16个月里，他没有回学校读书，每天都待在宽阔无比的格洛特比克的旷野。父母不想让他就这样待在家里，想尽一切办法把他送到学校去读书，但他不去。于是父母又想方设法给他找事情做,可是他都毅然决然地拒绝了。在格洛特比克的旷野中,他尽情放飞着自己的思绪,让自己沉醉于这片天地中,无忧无虑,无拘无束,没有任何人可以影响他对自由的向往。

可是,这种生活并没有持续很久。1869年7月,应叔叔的邀请,凡·高去了叔叔在海牙古比尔的总店当学徒。他的叔叔是一个画商,而且还是当时欧洲最大的画商之一。从各方面来看,这对他都有着很多益处。他所工作的地方属于巴黎古比尔公司,这是当时欧洲最大的画廊,专门出售绘画作品,包括不少名画。梵·高在这里和在学校完全不一样,他变得热情而真诚,并且在和大家的交往中很受欢迎。

梵·高喜欢读书,在这段比较愉快的日子里,他读了大量的文学作品,掌握了大量的艺术知识,这为他接下来的创作打下了基础。

02 / 第一份爱情的来临

因为诚实、聪颖、勤奋,凡·高不久便得到晋升并被派往伦敦,在这里,他遇到了他的第一份爱情。

有一天,凡·高遇到了房东太太的女儿尤金妮亚。从见她的第一眼,他就被她迷住,可谓一见钟情。可是,这位在他眼中是绝代佳人的女子对凡·高并无好感。在这位美丽的女孩眼里,凡·高是一个像小老头一样的、从事绘画的人。他外表丑陋,走路时佝偻着背,没有一点迷人的地方,她没有把他放在心上。

凡·高生性怪僻,不懂人情世故,也不擅长与人交往。可是,当他面对尤金妮亚时,他就不再是原来的他了,他会主动去和尤金妮亚交流。

就这样,凡·高因为认识了尤金妮亚,他整个人都变了,他会注意自己的形象,并且在爱情的巨大魔力下,他完全改变了自己原来的个性。他想要追求尤金妮亚,他的想法是那么的单纯,就像他追求他一直喜欢的自由一样。

可是却被尤金妮亚拒绝了。

即使是在这样的情况下,凡·高还是一直处于幻想的恋爱中不能自拔。当凡·高再一次向尤金妮亚求爱时,尤金妮亚告诉他,自己已经订婚。这个消息沉重地打击了凡·高,几乎让他感到绝望,于是决定离开伦敦,重新开启一段新的生活。

03 / 艺术生涯悲喜掺杂

凡·高真正开始作画是在1880年,在此之前,他仅把绘画当作一种兴趣,并没有投注很多精力。在一次给弟弟提奥的信里,他附上了一些素描画,当时提奥便建议他可以把更多的精力投入到绘画中,建议他把绘画当作一门手艺,这个建议是改变他一生的转折点。随后凡·高开始自学并临摹画作,一直催促提奥为他寄去可供临摹的画像。然而凡·高始终无法抑制想要出门寻找自己的意象的原始冲动，试图从自然中获取创作灵感。1880年10月，成为艺术家两个月的凡·高搬去了布鲁塞尔，11月，他注册成为布鲁塞尔皇家美术学院的学生，在那里，他学习了解剖学和透视等基础绘画知识。

1881年4月，凡·高返回父母居住的埃登探亲，他的家人和亲戚对他非常失望，可此时凡·高深埋心底的那种对艺术的热情才刚刚开始燃烧。

凡·高回家后见到了刚刚丧夫的表姐凯。表姐的到来使他内心再次泛起爱的涟漪。可是，在19世纪的荷兰，和表亲结婚是一个严重的社会禁忌。凡·高一次次向表姐凯表达自己的感情，可是每次都是听到同样的答案，他被拒绝了，而且他发现表姐凯总是想尽办法回避爱情和婚姻的话题，从来不留给他任何表白的机会。但他仍然不放弃自己对这份爱情的追求，勇敢地去叔叔家找表姐凯，但来开门的叔叔一见是凡·高，连大门都不让他进。

巨大的悲伤又一次充斥着凡·高的心，只能更加努力地工作，忘掉这份痛苦，独立地生活下去。

凡·高来到海牙，在当时已经很有名气的画家安东·莫夫（又译成毛威）家学画。安东·莫夫的作品多以人物、动物为主题，最出名的作品就是描写在田间劳作的农夫形象。凡·高在他的指导下，开始尝试油画及水墨画的创作。但因为种种原因，他最终与莫夫绝交，生活也陷入了困境。只能靠弟弟提奥每月寄来的钱维持生活。这年8月，凡·高一家又迁至纽恩南。

1882年，在一次画素描时，凡·高认识了曾做过妓女的克里斯蒂娜。两个人经过一段时间的来往，发现彼此很投机。克里斯蒂娜的陪伴给了凡·高家的温暖，这两个相爱的人不顾忌外人的评论，决定当凡·高每月能赚到150法郎时就结婚。可是现实并不如他们所想的那样，克里斯蒂娜的身子非常虚弱，需要大量的营养品来补养身体，这意味着要大量花钱，可凡·高对于绘画近乎痴迷，很多钱都花在了买颜料和雇模特上。两个人如此花销，根本达不到原先的计划。最终，两个人分手，彻底断绝了关系。

1883年，凡·高搬回纽恩南，和父母住在一起，经常在乡间临摹农民、劳工、织工作为人物画像。同年9月，凡·高赴荷兰北部德伦特开始画油画。1884年，凡·高开始画水彩画。他认识了安东·里德尔·范·拉帕德，两个人决定一起找模特。他们一起去了布拉班特荒原，在那里度过了五个月，在这期间，他们隔壁的一位43岁的邻居——玛戈特·贝格曼喜欢上了他，总是有事没事来找他。可是凡·高却不喜欢她，她每次到来都让他感觉浑身不舒服。也许是前面三次失败的爱情已经让他变得不再有所期望，他只沉迷于自己的画。在纽恩南的两年间，他完成了多幅绘画与水彩画，及近200幅油画，作品以自然主义和相对冷色调为主，展现了他对农村生活和自然的热爱。

1885年4月，凡·高创作了伟大的作品《吃土豆的人》。他早期接触过社会下层，对劳动者的贫寒生活深有体会，而且他受米勒影响，想成为一名农民画家。在这幅画里，凡·高对人物并没有做华丽的描绘，反而表现的是有些粗陋的平民形象。他说："我想传达的观点是，借着一个油灯的光线，吃土豆的人用他们在土地上工作的双手从盘子里抓起土豆，诚实地自食其力。"这幅画作是凡·高自己认为最好的作品。他在作品中描绘出农民的原始与纯粹，描绘出那时的乡村生活，而这一切是凡·高所羡慕的，他向往这种生活。

同年 10 月，他去往安特卫普，并且自 1886 年 1 月起在安特卫普美术学院学画，他在美术学院收益良多，这里为他提供了优质的画具和模特。但最终，凡·高还是认为这里的绘画风格过于保守。2 月底他前往巴黎，和弟弟提奥同住。

1887 年，他两次在劳工阶层的咖啡馆墙上展出自己的作品，这是他的荣誉。这一年，他还和毕沙罗、德加、修拉、塞尚等人相识并交往，这对他的绘画有着很大的影响。

04 / 疯狂的行为

凡·高非常喜欢画家高更，希望高更能来陪他，这是他一直梦寐以求的一件事情。恰好那时高更生病了，他画的画卖不出去，失去了经济来源。凡·高为了照顾老朋友，就写了一封信，希望高更和他一起住，他们的生活费由凡·高的弟弟提奥支付，但条件是这期间高更画的画归身为画商的提奥所有。于是，1888 年他们一起住到了法国阿尔的一栋黄色房子里。凡·高很开心，因为可以和自己的老朋友在一起。

画画是他们共同的兴趣，两人在这方面也聊了很多。但凡·高和高更在艺术见解上，以及在他们所崇拜的画家、各自喜欢的绘画风格、作画时关于颜色的选择等方面都完全不一样，加之凡·高的脾气比较固执，性情也比较古怪，这使他们之间经常发生争执。高更的画作在这期间没有卖出，其实凡·高也处于同样境况。他从1880年就开始画画了，但是直到1888年，一幅画也没卖出去过。长此以往本来就有抑郁症的凡·高得了精神病。

有一天晚上，他和高更又像往常那样发生了口角，甚是激烈，两个人都振振有词，互不相让，各自表达着自己的想法，高更受不了这种长期紧张混乱又充满争吵气息的氛围，一气之下走出了房门，剩下凡·高一个人待在房子里。激烈的争吵使凡·高疾病发作，陷入了一种疯癫状态，割下了自己左耳的耳垂，然后用纸包好，疯疯癫癫地走出了房门，送到了一个他常光顾的妓女那里，这个妓女被吓得大喊大叫，当场昏了过去。

高更第二天回到了黄房子，看到凡·高倒在地上，耳朵上都是血，大吃一惊。他立马跑了出去，找来了医生为凡·高医治。在这件事情发生之后，他觉得凡·高太疯癫、太危险了，而且两人之间的矛盾也很多，凡·高有可能还会做出比这更疯狂的事情。高更离开了黄房子，再也没有回来，留下了凡·高一个人。他们的友谊也随之宣告结束。

创作于1888年2月的《割掉耳朵后的自画像》，这是凡·高在自己耳朵受伤后创作的自画像之一，展现了他在精神上的困扰和苦闷，是给后人留下的第一幅展现凡·高当时在阿尔勒的精神状态的自画像。画中凡·高以头部为主体，面部特写强调了他对自身形象的关注。他通过独特的笔触和线条描绘自己的面容，形成了强烈而表现力十足的画面。自画像中常常呈现出浓烈的色彩，对比明显，线条复杂，表达了凡·高独特的后印象派风格。此幅肖像作于他的"割耳朵事件"发生一个多月之后。作品不仅是个人形象的呈现，更是艺术家对自我的反思、对生命的感悟和对艺术的追求的真实展现。此刻，凡·高已找到了他内心的自我平衡。

05 / 生命的结束

1889年5月,已经被精神病折磨不堪的凡·高怀着复杂的心情来到圣雷米的修道院接受精神病治疗。他每隔一段时间就会发一次病,但平时却非常清醒,画画是他所不可缺少的组成部分。他创作了大量作品,这时的凡·高已完全超越了印象派,他认为绘画不能仅仅满足于模仿事物的外部形象,而应当在凭感觉与真实地描绘自然的同时,表达艺术家的主观见解和情感,使作品具有个性和独特的风格。最终,他形成了自己独特的风格,用心灵创作着自己的每幅作品。进去精神病院后的凡·高,有了独特的风格,也成就了"后印象派""现代画派鼻祖"的典型。

《星空》就是他在这期间的代表作品,整个画面似乎有一种被一股汹涌、动荡的激流所吞噬的感觉,画中的所有事物都处在一种发狂骚动的状态,像是一种宣泄。而这也是画家心境的反映,情感躁动不安,有着与这个世界脱离的另一种思维。我们可以看到,画中那一个个星星的旋涡,仿佛要将人的思绪卷入，黄色和蓝色组成和谐又奇妙的画面，扁柏好像要飞起到天上。这不是星空，分明是激情的海洋。在凡·高的绘画中，所有的色彩与形象都服从他不羁的激情表达。总之，这幅画以它独特的魅力吸引着无数人，让无数人沉醉。

1890年5月21日，凡·高离开圣雷米的修道院，搬到巴黎附近的奥维尔接受加歇医生的治疗，一切看起来都很顺利。但在7月27日这个星期天，外出写生的凡·高开枪自杀了，但没有打中要害。被人救回家里以后，他拒绝接受治疗。

听到凡·高自杀的消息，他的弟弟提奥赶回到了凡·高的身边。他坐在凡·高床边，和他一起回忆童年的时光。

7月29日黎明，凡·高去世。

7月30日，他的弟弟提奥为凡·高举行了葬礼，并把他葬在了奥维尔墓园。之后，提奥因过于悲痛而卧床不起，6个月后也随凡·高而去，并与凡·高葬在了一起。他们两个的兄弟情谊是珍贵的，他所给予凡·高的支持无比珍贵。

提奥的妻子乔安娜在凡·高和提奥死后整理了凡·高堆

积如山的油画和素描,以及写给提奥的几百封信,这都是弥足珍贵的历史记录。

1914年,《凡·高书信集》出版,凡·高的一生渐渐被全世界的人们所熟知。

1934年,《渴望生活——凡·高传》出版,引起了巨大反响。到如今,这本书的销售已经达到上千万册,很多人都知道了凡·高的事迹。他的故事打动了全世界,引起了很多人的共鸣。

1962年,荷兰政府修建了阿姆斯特丹国立凡·高美术馆。这是目前收藏凡·高作品最多的艺术馆。

今天,凡·高已成为举世闻名的艺术大师,他的作品被世人所惊叹。他的《加歇医生像》仍保持着世界艺术品拍卖的最高纪录——8250万美元。他的故事被拍成影视作品,如1948年电影短片《凡·高》、1956年的电影《凡·高传》、1990年黑泽明执导的电影《梦》,以及2010年的电影《凡·高:画语人生》等。

凡·高的一生充满了太多的不可思议,他没有因为画画而收获名利,反而将自己陷入贫困交加,他爱得那么痴狂,却得不到自己想要的爱情,虽然成长历程中受尽了冷遇与摧残,但他执着于对绘画的热爱,将自己的生命与艺术连在一起。他就像是一个鬼才,有时甚至疯狂至极,通过他的作品向我们传达着他的思想,他创造了艺术的崇高与辉煌。

他,凡·高,就是一个奇迹!

王灵桂、侯超颖

蓝色大海的传说
——科内利斯·莱利

大海让荷兰变得美丽迷人，同时也给人们带来了麻烦——土地不断被侵蚀。大海既像美丽的天使，又像一个恶魔，把魔爪伸向陆地。荷兰是世界上有名的低地国家，为了有足够的生活用地，荷兰人不得不把目标指向大海，他们开始填海造陆。阿夫鲁戴克拦海大坝像一个高傲的战士，巍然屹立在大海之上，而这座大坝的设计师便是莱利。

科内利斯·莱利（1854—1929年），出生在荷兰阿姆斯特丹，父亲是一名商人。莱利先是在HBS学校学习，后来在代尔夫特大学的理工学院学习土木工程，21岁大学毕业。1886年以及之后的五年里，莱利担任技术小组的领导，开始探讨封闭须德海的可能性，并且最终获得了国家的批准。他还曾经三次担任交通水利部部长（1891—1894年，1897—1901年，1913—1918年）。此外，在1901—1905年，他还担任了苏里南州州长。

阿夫鲁戴克拦海大坝于1927年开始施工，经过五年的时间，终于在1932年建成。为了纪念莱利的贡献，在大坝的西部，人们修建了一座莱利的雕像，并将这个位于围垦土地上的新城市以他的名字命名。

01 / 与大海的初次相遇

19世纪50年代的荷兰可谓是人才辈出。1853年印象派的著名画家凡·高出生,相隔一年,科内利斯·莱利也来到了这个世界上,出生在阿姆斯特丹这个繁荣的港口。

其实,阿姆斯特丹的黄金时期是在17世纪。那个时候,荷兰的商人开始通过这个港口走向北美洲、非洲,以及印度、斯里兰卡等地。凭借着地理位置优势,莱利的父亲从事油籽贸易的相关工作。莱利的父亲总是穿梭于各个国家之间,很多时候一去就是几个月,甚至莱利出生的那天他都没能及时赶回来。那一天的天气晴好、万里无云,莱利的爸爸看着眼前的景色,旅途的疲惫顿时消失得无影无踪。他想想自己离开家的时候,妻子已经怀孕四个月了,他多么想陪在夫人身边,等待着两人爱情结晶的诞生,可是为了生计,他不得不离开家这个温暖的港湾。本来打算在外面待三个月就回到家里,可是归程总是被一件又一件事情搅乱而变得遥遥无期,经过五个月的忙碌,他终于踏上了归程。

1854年,莱利刚刚出生的时候身体十分虚弱。等到出生的第十天,莱利的父亲终于回到了家里。一进家门,他来不及把随身的东西安放整齐,便径直奔向自己的妻子和孩子。当他看到孩子时,所有的不幸和疲惫仿佛一扫而光。莱利出生后,父亲就很少出海了,因为他知道家人需要他。莱利渐渐长大,他总是喜欢围在家人身边,问一些各种各样稀奇古怪的问题。

又是一个郁金香盛开的季节,温和而又湿润的海风从海面上吹来,将人们紧皱的脸庞舒展开来,抚平人们心中的褶皱。原本是一个浪漫的季节,对于莱利来说却充满了离别的感伤。为了维持生计,父亲这一次不得不出海。临走时,父亲把他抱得紧紧的,然后便一去不回头。看着爸爸渐渐远去的船只,小莱利含着眼泪问妈妈:"妈妈,爸爸是不是不回来了?他不要我了吗?"妈妈温柔地亲了亲小莱利,和蔼地说:"傻孩子,爸爸爱你还来不及呢,他会很快回来的。"小莱利这下才安定了些。他和妈妈一样,站在港口,凝视着远方的大海,他想:"如果大海上有陆地,或者这里没有海,也许自己就可以一直追着父亲了!"没想到,这一别,竟然又是半年。

小莱利每天在妈妈的身边玩耍,他最开心的时光,就是和妈妈一起来到海边。他总是喜欢光着脚丫踩在湿凉的沙滩上,然后蹲下身子,用这些泥土和沙子修建一个又一个的城堡。有一次,他又成功堆成一座城堡,旁边的小孩问他堆的是什么东西?小莱利开心地说这是自己修建的一座美丽城堡。小朋友一听哈哈大笑,说莱利堆的就是个破土堆。小莱利感觉内心受到了很大的伤害,他强忍住泪水,继续着自己手中的事,因为他心中有一座城堡。这个时候,在一旁的妈妈过来了,她亲切地叫着小莱利,可是小莱利却没有停下自己手中的"工作"。妈妈察觉了孩子的异样。她对孩子说:"宝贝,发生什么事情了吗?"小莱利终于抬起头来,一脸倔强地说道:"妈妈,刚才有人说我修建的城堡是一个破土堆。可是,我真的很认真地在修建城堡!"听了孩子的话,妈妈说:"每个人心中城堡的样子都是不一样的,你现在修建的是你心中城堡的样子吗?"小莱利使劲地点点头。妈妈继续微笑着:"既然是你心中城堡的样子,那你就努力去建吧,别人怎么说,你在意吗?""我才不在意!"

小莱利突然变得兴奋起来,脸上的阴霾一扫而光。等到完工之后,他终于开心地笑了。天空此刻已经铺满了一道道的彩霞,海水也开始慢慢涨起潮来,一条条船开始停泊在远处的港口,操着各种口音的人们也开始交流。灯塔亮了,夜来了。

经过漫长的等待,小莱利的爸爸终于回来了。这一次,爸爸发了一笔大财,家庭的富裕让小莱利成了一个名副其实的"小少爷"。而这个时候,小莱利也已经开始上小学。

在小学里,小莱利的成绩一向比较突出。他喜欢看书,喜欢和朋友们在一起讨论每天的练习题,一起在操场上玩耍。他聪明、活泼、阳光又自信。莱利一直都想陪爸爸出一次海,于是,他和爸爸约定:如果考试能够取得第一名,就和爸爸来一次出海旅行。为此,他更是废寝忘食地学习,最终如愿以偿。

在出发的前几天,莱利几乎兴奋得不能入睡。这可是自己一直都渴望的呀!他以前就想,什么时候能够像海鸥一样,在这个美丽而又广阔的大海上尽情飞翔,努力穿过海的尽头,看尽那些神奇而又瑰丽的景色!

爸爸带他去了一个又一个地方,然而,最让他印象深刻的是马尔代夫之旅。这真是个神奇而又美丽的国度,简直如天堂般美好,被称为"地平线上的最后乐园"和"印度洋上的美丽花环"。虽然都是靠近大海的地方,可是由于气候的原因,这里的美又不同于荷兰。温度虽然比较高,但总是会有海风迎面吹来,吹走人们在炎热中的暴躁情绪。在海边,总会有成排的椰子树顶着硕大的叶子,阳光透过叶子的缝隙,在地上形成斑斑驳驳的影子。一阵风吹来,海水开始拍打着海岸,树叶婆娑作响,海鸥高声鸣叫,海水声、树叶声、鸟鸣声交织在一起,奏出一首波澜壮阔的乐章。

莱利完全被大自然所征服,所吸引。这个时候,爸爸和他交谈起来:"感觉这里不错吧?""简直是人间仙境!""可惜这将是昙花一现的美丽呀!"爸爸叹气说。小莱利心里感到十分好奇,他问爸爸:"这里很美,怎么会是一瞬间的美丽呢?""孩子,你先观察这里的地形,你发现有什么特点了吗?"孩子看了一下,对爸爸说:"这里到处都是海水,属于岛国。""你说得对,它是岛国,受海洋的影响,可能有一天会荡然无存。"听了爸爸的话,小莱利顿时陷入沉默。他内心变得十分沉重,因为他实在难以想象在将来的某一天,这里的一切都会完全消失。"你知道,我们的国家荷兰这个名称的原意是什么吗?"小莱利摇了摇头,他心中却有一种莫名的悲伤涌上心头。"它的原意表示'低地之国'。我们的祖国面积相对广阔,可是由于人口的增多、海水的侵蚀,它的面积也在不断缩小。"说着,爸爸便开始叹了口气,摇摇头。这个时候,小莱利突然用坚定的口吻对爸爸说:"为什么我们不把大海填上呢?这样陆地就会变大了!"莱利的爸爸说:"孩子,你的想法真不错!"说着,便和孩子在海边一起拾起贝壳。在夕阳染红的天空下,蔚蓝的海边,两个人身上披着落日的余晖,赤着脚走在海边,发出一阵又一阵欢笑声,久久不能平息。也正是从那个时候起,在小莱利的心中种下了一粒种子,待到雨露充足,它便会生根发芽,直到开出娇艳的花朵。

02 / 和大海的"海誓山盟"

回到荷兰之后,莱利下定决心,一定要让荷兰人安稳地生活在海边,不让大海成为人们的噩梦。

经过不懈的努力,莱利考上了自己理想中的大学:荷兰代尔夫特理工学院,专业是土木工程。他开始努力学习,认真搜索关于人类填海造陆的成功案例。

莱利有一个习惯,那就是每天下课之后,一定去图书馆学习相关方面的知识。一旦发现自己感兴趣的内容或者相关方面的知识,他就会记录在自己的本子上。1875年,大学毕业时,莱利的笔记本就已经达到至少200本。

这段大学时光为莱利设计阿夫鲁戴克拦海大坝奠定了坚实的理论基础。当同学们都忙着谈恋爱,忙着应付人情世故的时候,他把自己交给了书本和知识,可是他并不孤独,有梦想相伴,还有什么能让人退却呢?

一天,教授像往常一样来到莱利所在的班级讲课。这位教授头发花白,一双眼睛凹陷而又明亮,一副金丝边框的眼镜架在他那高挺的鼻子之上，岁月已经在他的脸上无情地留下一道又一道皱纹。教授在课上认真给学生传授着知识，下课的时候，莱利拿出来自己的笔和纸，走到教授面前，请教今天没有听明白的地方，很是认真。教授也渐渐喜欢上这个爱学习、爱问问题的好孩子。

在一个周六，莱利像往常一样来到图书馆，可是在读书的过程中，他发现好多内容自己都不理解，其中一个是："堤坝的高度应该为10余米左右"。他在此处划了一个问号，然后冒着雨，把本子藏在怀里，跑向教授的家中请教。教授见到全身湿透的莱利大吃一惊，赶紧让莱利进屋，给他换上一身干净的衣服。教授此时既感动又生气。感动的是，孩子在这样的情况下仍然不放弃对知识的追寻；生气的是，莱利这么不爱惜自己的身体。莱利顾不上喝一口热水，掏出自己的本子，准备问老师问题。可是这个时候，教授却一反常态，脸色变得阴沉。他拒绝给莱利解答，反而让自己的妻子做了一顿热气腾腾的饭，让莱利先吃饭。饭后，教授才认真地为莱利解答了疑问。以后，每当莱利想要问老师问题的时候，教授都会先拉上莱利到操场上跑步。有一天，莱利终于忍不住，问教授原因。教授语重心长地对他说:"你现在觉得自己快乐吗?"莱利点点头。"那你发觉自己有什么变化了吗?"莱利说:"我发现我比以前有更加充沛的精力。"说到这句话时,莱利恍然大悟。"学习和身体并不是一件冲突的事情。在我们学习的时候,一定不要忘记,好的身体才是万事的基础。"原来教授是怕自己学得过火而忽略身体健康,莱利十分感动。

教授和莱利亦师亦友,对于有分歧的地方,两人也会进行激烈的讨论。对于那个"10余米"的问题,也就是建设拦海大坝哪个高度最为合适的问题,两人也进行了激烈的讨论,并且最终通过实验的方式解决了。教授也经常告诉莱利:作为一名设计者,务必要追求精确。"大概""差不多"这类的词语一定不要从一个设计者的口中说出。正是在教授的影响下,莱利养成了严谨而又认真的科学态度,对于任何一个问题都不含糊。这个教授就像是莱利的伯乐,给了莱利发光发热的机会,让他更加坚定了自己的信心。

1875年,莱利以优秀的成绩毕业了。当他捧着毕业证书的那一刻,内心满是力量,因为在他看来,他离自己的梦想又进了一步。

03 海边的美丽童话

带着自己的壮志雄心,莱利开始了自己的职业生涯。本以为毕业之后可以大显身手,可事情却并不是想象中的那样顺利。刚开始时,莱利想从事关于海洋建设、填海造陆的相关职业,但没有一家公司认同莱利的想法。命运总是喜欢在你成就一番事业之前对你进行冷嘲热讽,一次次地打击你,让你筋疲力尽。此时,莱利21岁。

处处碰壁的莱利不得不暂时中断自己的梦想,开始为生计而奔波。他当过邮递员,当过小职员,当过服务员……可是,他始终没能忘记自己的梦想。而在这个时候,爱情却悄然而至。

那一天,莱利去一家公司面试,信心百倍地进去,垂头丧气地出来。他漫无目的地走在街上,手里撑着一把破旧的雨伞。雨一滴滴地打在莱利那失魂落魄的脸上,顺着他的脸颊,和着他的泪水,一滴一滴落下。丽娜这天刚刚下班,她穿着一身套装,俏丽又优雅。她慢慢地走着,在不经意间看到了低头走路的莱利和他那把破旧的伞，还以为莱利是个傻子。正当她走在路上的时候，不小心踩进了一个水坑，泥水溅到自己身上。丽娜尖叫了一声，这一声倒是把一直在游离状态的莱利惊醒了。他抬头一看，发现一位女士走到了水坑里。眼前的女士，一头鬈发浓密而又柔顺，垂在肩上；身材凹凸有致，小裙子正好让她的曲线完美展现；一脸的苦恼反而让她显得更加可爱。莱利走到丽娜身边，用湿漉漉的手掏出自己的手绢，递给了她。丽娜抬头一看，这不正是自己刚才看到的人吗？她轻轻地说了声"谢谢"，然后又将头上的雨伞移到了两人刚好都能撑到的位置，莱利见状，轻轻地接过雨伞。

丽娜这个时候才有时间仔细端详身边的男子。他个子适中，却格外的清瘦，穿着不是很合身的衣服，肩膀上的衣服被水淋湿了，让他瘦弱的肩膀显得更加单薄，头发鬈鬈的，耷拉在脑袋上，长得虽然不是很好看，却透着一股浓浓的文艺气息。

天色开始变得灰暗，在一个拐角处，他们分开。丽娜开口说道："我家就在前面，我想我得马上回去了。"说着，就冲进雨中。莱利赶紧把伞合上,边追边喊着:"你的伞……"丽娜大声说:"你的伞都坏了,送你了,你赶紧拿走吧!"说着,便消失在夜色之中。

莱利拿着伞回到家中,心中却有一股莫名的温暖。他关上门,把雨伞撑开,晾在一边,脱去身上那又湿又冷的衣服,换上干净但已经洗得发白的衣服。他喝了几杯热水,然后拿出那些关于拦海大坝建设的相关书籍,读了起来,这一读就到了深夜。

生活状况有所好转后,莱利开始参加有关水利部门的相关考试。这次考试的要求非常严格,并且有很大的挑战性。莱利顺利通过了三轮笔试,并且都是第一名。面试的时候,他穿着整齐的西装在门口等候,发现身边的人个个高大挺拔而又健壮,再看看自己的西装,显得格外的不合身。但是,他觉得自己等这天已经太久了,什么都不能让他退却。

终于轮到他了。主考官上下打量着他,然后以开玩笑的口吻对他说:"你看起来衣衫不整,你就是这样对待面试的吗?"莱利听了之后,努力让自己保持冷静,并且从容地说:"那说明我始终忙于学问,修炼我的内在美。"主考官微微一笑,问了一系列问题,对眼前这个年轻人十分满意。莱利被录取了。他把自己成功的消息告诉了父母,父母也很为他开心。

一个周末,莱利到公园里跑步,放空自己的思绪,尽情享受着大自然。突然,不远处传来一个女孩的尖叫声音,而且这声音似曾熟悉。他发现有个女孩摔倒在地上,便赶紧跑过去把她扶了起来。在女孩抬起头来的那一瞬间,莱利认出她便是在雨天相遇的丽娜。两人相视一笑,丽娜则显得有些难为情。她说:"每次相遇,都是这样出人意料。"说完,两个人又哈哈大笑起来。

丽娜发现莱利脸上之前那种阴郁一扫而光,取而代之的是温暖又阳光的笑容。他明显比之前胖了,身上衣服也比上次合身。

他们一起到咖啡馆喝了咖啡,一起谈天说地。阳光洒在两个年轻人的脸上,咖啡馆里放着轻快而又舒缓的歌曲。

莱利向她诉说着自己的宏图大志,丽娜则在一边侧耳倾听。世界还是那个世界,可是莱利却觉得他的世界因为丽娜的出现而变得温暖又明媚。

04 与大海相依相偎

每一个成功的人,除了智慧,更需要的是机会。

当时,荷兰水利监测网发展并不是很好,莱利总是喜欢戴着一项白色的帽子去进行现场监测。他的第一个任务是计算一个通道,而这个通道跨度非常大,并且测量起来也比较困难。通道穿过山谷,并且处于莱茵河与瓦尔河连接的十字部分。经过不断的努力,莱利终于提出了一个可行方案,可是由于经费问题,最终没有成功实施。

1881年,莱利由于表现突出,成功晋级为高级工程师,薪金也得到了提升。在这期间,他带领团队完成了一次国家水利计划。1885年,莱利离职。

1886年,32岁的莱利的人生开始发生了转折。莱利开始领导技术研究小组,探讨封闭须德海的可能。然而,事情再次出现了波澜。

须德海是位于荷兰西北部的海湾,这个曾经遍布河流与湖泊的地方,终于在13世纪的时候汇成一片,淹没土地,成了如今的模样。虽然在 17 世纪中叶就已经有人提出围垦的方案，可是这种方案被无数次搁浅。因为这项工程不但会耗费大量的人力、物力，而且实施过程也极为复杂，需要探测海水的详细情况，需要决定最佳拦截地点，需要组织好施工的步骤，等等。如果有一步处理不好，所有的努力可能都会功亏一篑。迫于这些现实，政府也不肯去冒这个险。

可是，莱利从来不肯向困难低头！1891 年，37 岁的莱利担任荷兰水利和经贸部部长，直到 1894 年。后来又两次入阁，担任部长。在担任水利部部长的时候，他认真研究有关水利工程方面的相关工作。因为水利工程是一项对专业要求非常高的职业，并且有很多调查施工都处于水下，具有很大的不确定性和风险，所以对于质量的要求也必然非常严格。为了让一切都做到完美而不出差错，莱利几乎对所有的事情都亲力亲为，有时候甚至彻夜不眠地进行研究。有一次，在实施水利建设的时候，莱利来到工作现场。他穿着普通工人的衣服，看起来和很多普通工人一样。午饭过后，他又来到工人施工的地方，走着走着，他发现一个工人在工地上呼呼大睡。他没有叫醒这个工人,而是拿起他身旁的铁锹亲自干起活来。这个工人醒后认出了旁边正在干活的人是自己的顶头上司。工人忐忑不安地看着莱利,他以为莱利一定会大发雷霆,甚至将自己辞退。这个时候,莱利转过头来对工人说:"我知道作为工人一定非常辛苦。但是,现在处于非常时期,我们一定不能疏忽。"工人赶忙拿起工具,认真地干起活来。这件事情在施工队传开,人人都为上司的宽容大度所感动,并且更加努力地投入工作,最终高质量地如期完成工作。

经过莱利不断努力,在担任水利部部长期间他积累了大量的经验。这个时候,他向国家提出了须德海围海造田工程,也就是阿夫鲁戴克拦海大坝的修建计划,但再次遭到了拒绝。

1895年,莱利成为荷兰皇家艺术与科学学院的成员。1902—1905年,莱利担任苏里南州州长。在担任州长期间,莱利设计了一条穿越这个地区的新铁路。这条线路给当地带来了很多便利,打破了当地长期以来交通不便、处于封闭状况的局面。

这个时候，莱利仍然没有放弃关于须德海封闭以及阿夫鲁戴克拦海大坝修建的想法。1916年1月，荷兰的雨水格外充沛。在刚开始下雨的那一天，并没有引起人们的注意，因为雨对于处于温带海洋性气候的荷兰来说，实在是太平常了。可是，这场雨迟迟不停，一场接着一场，这样的情况持续了七八天。人们开始意识到，也许这场雨会带来很大的麻烦。那是一段阴霾的日子，天空总是飘着没完没了的雨。人们开始变得惶恐和不安。原本人们认为足够应付这些洪水以及海水泛滥的大坝，最终崩溃了。海水无情地冲向附近低洼村庄，很多村落和城镇在一瞬间毁于一旦，很多原本幸福的家庭变得家破人亡。这次灾难并不是唯一的一次。在历史上，由于海水倒灌以及侵蚀，荷兰的土地一直在不断减少，而荷兰人也从未停止过和海水的抗争。为了避免悲剧再次重演，在莱利的大力促进下，经过两年无数次的辩论，荷兰政府于1918年6月14日通过了莱利提出的拦海大坝计划。

听到这个消息，莱利高兴得几乎跳了起来。他废寝忘食地继续完善自己的设计，到最终定稿时，已经改了上千次，内容已经相当精确。由于长期劳累，莱利病倒了，不得不躺在病床上,活动都需要借助轮椅。可是,他仍然时刻关心着须德海拦海大坝的建设及其施工的日子。有好几次,医院都给莱利下达了病危通知书,可是上帝总是眷顾于莱利,每次醒过来之后,莱利都会松一口气,和家人说:"我终于活过来了。也许直到设计的方案完成,我才会甘心死去。"

经过漫长的等待,修建须德海围海造田工程阿夫鲁戴克拦海大坝终于在1927年开工。听到施工消息的那天,莱利激动地从轮椅上站了起来。他兴奋地告诉家人:"须德海拦海大坝开始动工了!"莱利每天都会来到施工现场。施工的人都非常尊重这个坚强而又负责的老人。可不幸的是,莱利并没有等到这项伟大工程的竣工时刻。1929年,莱利闭上了充满期待的眼睛。

历经五年的光阴,1932年,这项伟大的工程终于竣工。石头这个常见的东西对于荷兰来说是一种奢侈。在一开始修筑堤坝时,荷兰政府不惜花费重金,不远万里从邻国运来大量石头。从这一个小小事件,我们便能想象这个工程修建的艰难。

须德海拦海大坝,即阿夫鲁戴克拦海大坝,高达10余米,坝基宽220余米,长度更是达到了32.5千米。在大坝的顶端为高速公路,除此之外还留有铁路地基。这条大坝的修建,使得海水对于内陆冲击大大减轻,须德海也由原来的咸水湖变成半淡水湖。这是一项伟大的工程,由于后期的不断修补与建设,成为人们在卫星上能看到的两处人工建筑之一。从此以后,加上其他围海工程,荷兰国土面积由3.4万平方公里增加到4.2万平方公里。须德海逐渐变成了一个淡水湖,名为艾瑟尔湖。到1968年,通过围海造田,荷兰共围垦出4大片土地,总计约1700平方公里,其中一片归北荷兰省,其余3片连在一起,于1986年成立了一个新的省——弗莱福兰省,为荷兰的第12个省。这个省的省会叫莱利斯塔德,即莱利城。为了纪念莱利设计的这个伟大工程,为了纪念莱利为之执着的一生,人们将苏里南州更名为莱利多夫城。在1954年莱利诞辰100周年之际,人们将他的雕像放在了这项工程,也就是阿夫鲁戴克的西端,并且将它的复制品放在了莱利多夫的市中心。莱利终于能够站在高处,看着自己的杰作,守护着荷兰这片土地了。

莱利,这个荷兰现代版的"精卫",用自己的执着与努力,让大海变得温顺。他也曾经遭遇了种种波折与困难,也曾经退缩过、迷茫过,可是他从来没有放弃自己心中的追求。最终,他通过自己的努力造福于荷兰人民,让荷兰人在面对迷人的大海时不再有恐惧,不再有怨恨。他用自己的行动向人们再一次证明,人类只有尊重自然,依照规律去改变自然,才会取得长久发展。

王成军

坚定、热情的女王
——贝娅特丽克丝

贝娅特丽克丝·威廉明娜·阿姆加德（1938— ），荷兰前女王，出身于巴伦的奥兰治—拿骚家族，波拿巴统治结束后的尼德兰王国第六代君主。1956 年入国立莱顿大学，1959 年获法学硕士学位，1961 年获博士学位，1966 年 3 月 10 日与比自己年长 12 岁的德国克劳斯亲王结婚。1979 年，贝娅特丽克丝任国际儿童年全国委员会名誉主席，1980 年 4 月 30 日登基继承王位，成为荷兰第六代君主。2013 年 4 月 30 日，贝娅特丽克丝举行退位典礼。

01 / 奥兰治—拿骚家族的公主

奥兰治—拿骚家族是荷兰皇室的姓氏，这个复姓是两个家族姓氏的组合。奥兰治—拿骚家族自中世纪起，一直是荷兰王族。它的第一任国王就是被荷兰人民尊称为"国父"的威廉一世，拿骚伯爵，奥兰治亲王（1533—1584 年）。他和他的子孙正是历史上尼德兰联省共和国以及现今的荷兰王国的缔造者。

1814年，荷兰王国成立，领土包括现在的荷兰、比利时和卢森堡，第一位国王为威廉一世国王，是最后一位总督威廉五世的儿子。威廉一世国王同时也是卢森堡大公。荷兰因此形成了一个"个人联盟"。1814年的宪法明确规定：君王统治国家，众大臣对君王负责。1848年，宪法进行了一项重大的修订——部长内阁对选举产生的国会负责，而不再是对君王负责。新的宪法奠定了目前的君主立宪国会制的基础。

1566年的"捣毁圣像运动"揭开了荷兰反抗西班牙统治，争取独立的序幕。在这场运动中，荷兰当时最大的贵族——威廉·奥兰治（奥兰治亲王）的向背举足轻重。就阶级情感来说，他受过西班牙前国王卡洛斯的厚恩；就民族情感来说，身边荷兰人民的呐喊和鲜血又使他寝食难安。一度摇摆不定的他最终同荷兰人民站到了一起，走上了反抗当时最强大的西班牙帝国之路。

1566年爆发了声势浩大的群众运动，暴乱的人群砸烂了修道院的公共设施，随之扩展到全国，一场被历史称为"捣毁圣像运动"开始，同时也揭开了尼德兰革命的序幕。

在这场运动的初期，奥兰治亲王威廉和他的执政官们并没有预料到该运动将是一场劫难。他们希望西班牙军队不要强行统治尼德兰。但顽固的天主教国王腓力二世非常顽固，他派遣"铁血总督"阿尔法前往尼德兰，采取残酷镇压的手段，终于使形势不可收拾。新成立的"除暴委员会"使尼德兰变成了屠宰场。

之所以发生这场运动，主要是因为，尼德兰是当时欧洲经济最发达的地区，毛纺和麻纺手工业及商贸尤为发达，城镇林立。但它自1519年起落入西班牙的统治之中。西班牙政府视其为"经济奶牛"，其交纳的赋税占西班牙国库总收入的一半以上。高税赋、强权统治以及血腥的镇压加深了荷兰与西班牙的矛盾和对立。奥兰治亲王威廉放弃了显贵的身份、优裕的生活，选择逃亡德意志，并自己集资招募了一支军队，开始了战斗生涯。

威廉的军队一开始屡屡碰壁，但"海上乞丐"和"森林乞丐"的崛起使战争形势发生了逆转。这两支队伍主要由破产的平民组成，他们分别在沿海地区和佛兰德斯森林进行游击,并夺取了一批城镇,在阿尔法统治的铁板上打开了缺口。威廉积极配合,再次攻入国内,并成为全国抵抗力量公认的领袖。

1580年,西班牙国王腓力二世将威廉列为全国头号通缉犯,以重金悬赏他的性命。对此,威廉发表了著名的《护教宣言》,抨击腓力二世政策的种种祸害,描述自己最终走上反抗道路的心路历程和战斗到底的决心。1582年,尼德兰各省正式宣布在7月12日拥戴威廉·奥兰治为尼德兰执政官。然而,在这伟大日子到来前的两天,一颗罪恶的子弹夺走了奥兰治的生命,行刺者的目的只是为了得到腓力二世的巨额赏金。至今在荷兰的代尔夫特市仍然保留着这个历史的弹痕,荷兰王室也因此把家族的灵柩选择安放在代尔夫特市的大教堂内。

奥兰治亲王威廉的遇刺更加激发了荷兰人民对他和这个家族的爱戴和尊敬,威廉也因此树立了崇高的威望,被尊为"国父",他的子孙世袭为荷兰执政官,并从1815年起成为荷兰王国的世袭国王,一直延续到现在。他的家族标志——橙色也成为荷兰的国色。他的子孙世袭的王权正是历史上尼德兰联省共和国以及现今的荷兰王国的象征。

贝娅特丽克丝·威廉明娜·阿姆加德是威廉一世以后的第六代君主，1938年1月31日出生在巴伦，是朱丽安娜女王和贝恩哈德亲王的长女。第二次世界大战期间，作为"中立国"的荷兰遭到纳粹德国入侵、占领，2岁的贝娅特丽克丝随母流亡加拿大，直到5年后才回归荷兰。1948年，朱丽安娜继承王位后，年仅10岁的贝娅特丽克丝成为荷兰大公主和王储。她于1956年入国立莱顿大学，1959年获法学硕士学位，1961年获博士学位。1965年，贝娅特丽克丝在瑞士滑雪度假时邂逅了比她大12岁的德国克劳斯亲王，两人一见倾心。但这段恋情激怒了荷兰民众，并遭到王世的普遍反对。因为克劳斯曾参加过希特勒青年团，并在驻意大利的第90坦克师服役。曾经饱尝纳粹占领之苦的荷兰国民强烈反对贝娅特丽克丝与德国人结婚。虽然面临重重阻力，贝娅特丽克丝却坚持不让步，甚至考虑放弃继承权以换取爱情。最终，朱莉安娜女王勉强同意了女儿的婚事。1966年，贝娅特丽克丝与克劳斯在阿姆斯特丹举行了大婚典礼。随着人们对克劳斯亲王人品的了解以及3个小王子的诞生，荷兰人对他的反感渐渐淡化了。克劳斯在荷兰人心目中是一个正直、勤劳和彬彬有礼的人。贝娅特丽克丝称克劳斯亲王不仅是她的伴侣，而且是她生活的依靠。1979年，贝娅特丽克丝任国际儿童年全国委员会名誉主席。

02 女王的时代和家庭

1980年4月30日，贝娅特丽克丝登基继承王位，成为荷兰第六代君主。荷兰虽然是君主立宪制国家，可荷兰女王对政治的影响极大，拥有制定宪法的权限。根据荷兰宪法规定，贝娅特丽克丝是荷兰政府成员，包括总理在内的荷兰内阁成员每周至少要与女王举行一次会晤，与她讨论、决定国务，并将其建议作为施政时考虑的重要因素。贝娅特丽克丝女王被认为是全球最富有的女人之一，拥有7座城堡，是荷兰很多跨国公司，如荷兰皇家壳牌石油公司、荷兰皇家航空公司的大股东。贝娅特丽克丝女王传承了荷兰王室一贯的低调本色，厌恶浮华，崇尚质朴，平时外出购物都骑自行车。她有一个很要好的闺蜜圈子，都是她少女时代的好朋友，有时候她们会在海牙普通民众常去的咖啡厅聚会。她们互相称呼着彼此外号，聊着年轻时的轶事，有时候连店主也不会马上认出女王，即使发现了，也不会大呼小叫，而是静静地给女王一份属于自己的生活时光，由此可见荷兰人对她的爱戴。贝娅特丽克丝女王的爱好极为广泛，在绘画、表演、芭蕾等方面造诣颇深，对雕刻也极有兴趣，闲暇时常在诺德恩多宫殿做模型或画画。她还十分喜爱体育运动，马术、赛艇、滑雪无一不精。1996年5月，她获得德国亚琛市的卡尔奖，被誉为坚定的、热情的欧洲人。

贝娅特丽克丝女王既是女王，也是妻子和母亲，她有3个儿子。长子威廉—亚历山大·克劳斯·乔治·费迪南德，生于1967年4月27日，被立为王储。令人称奇的是，女王的两个儿子都上演了"不爱江山爱美人"的王室悲喜剧。亚历山大这位莱顿法学院毕业的王储在一次社交活动中结识了来自阿根廷的灰姑娘马克西玛，并坠入爱河。当他们谈婚论嫁之时，这桩婚事却没能顺利得到政府支持，因为马克西玛的父亲曾任阿根廷前军事独裁政府的农业部部长，王储的婚姻也因此遭到议会左翼人士的强烈反对。此时的女王站在儿子一边，支持这桩婚姻，他们的坚持终于打动了民众和政府，2002年两人破除障碍，终于成婚。因为政治的原因，王妃的父亲没能受邀参加自己女儿的婚礼，但王储为妻子在婚礼上准备了一曲带有南美风格的歌曲，让王妃泪流满面，也感动了很多荷兰民众。王储和王妃现育有3个女儿。

女王的次子弗里索因在未申请荷兰议会同意的情况下同平民女子梅葆·维瑟·斯密特结婚，意味着放弃王位继承资格，两人于2004年成婚。2012年2月，弗里索前往奥地利西部小镇莱希滑雪时遭遇雪崩，被救出时已经陷入休克，后来被送到英国伦敦接受治疗。然而，经过一年多的治疗，情况并没有好转，于2013年8月13日去世。在儿子住院治疗期间，作为母亲的贝娅特丽克丝女王几乎每周都到伦敦去看望昏迷的儿子，并与儿媳妇一起勇敢面对，并关照孙儿们，给荷兰民众树立了一个坚强的母亲形象。在丈夫病故后又失去儿子，贝娅特丽克丝深受打击，一下子衰老了许多。

三儿子荷兰亲王康斯坦丁从莱顿大学法学院毕业后，成为一名在欧盟工作的律师。目前，他在荷兰从事与鼓励创新创业相关的工作。

2013年1月28日晚，女王贝娅特丽克丝发表全国电视讲话宣布退位，并表示将于2013年4月30日的荷兰女王节之际，将王位移交给其长子——47岁的威廉·亚历山大。

相较于其他西方王室，荷兰王室更显开明和富于进取精神，一直秉持着了解、理解、帮助和支持的态度，与中国保持良好的关系。

早在1977年，当时还是公主的贝娅特丽克丝与丈夫克劳斯一行首次访问中国。因此，西方媒体把她称为"红色公主"。在访问过程中，她走访了山西云冈石窟、陕西西安、湖南以及北京等地。她对中国文化非常感兴趣，所到之处都亲自拿着摄像机拍下自己看到的一切。

1980年登基成为女王后，贝娅特丽克丝与丈夫克劳斯和当时的王储威廉·亚历山大于1999年再次访问中国，除北京外，还访问了福建和江苏，整个行程为期9天。旅居荷兰华侨向女王赠送了温州发绣。女王出访江苏时还特地见了中国雕塑大师吴为山。在会面时，女王评价："吴先生所塑的老人是从五千年文明中走出来的。"随行的亚历山大王储还特地去了黄土高原，实地考察了黄河对黄土高原的腐蚀性影响，并与中方签署了一项保护黄河三角洲生态系统的协议。当他登基成为国王后，又于2015年应习近平主席之邀再次访问中国，并再次去了习近平主席当年插队所在的黄土高原。

03 / 女王节和国王节

荷兰女王节的历史要从贝娅特丽克丝女王的祖母威廉明娜女王说起。19世纪末，荷兰自由党为凝聚全国民心，建议举办活动庆祝女王的生日。由于威廉明娜女王的生日是8月31日，适逢收获的季节，刚好可以进行丰收祭的节庆活动。

另外，这一天也是孩子们暑假的尾声，所以这个日子对小朋友而言也别具意义。1902年，威廉明娜女王从重疾中康复的消息振奋了全国人民，人们觉得女王的生日意义重大，应该设立国定假日来庆祝。不过，当时仅有在女王特别的岁数，例如1930年50岁生日时才会举行盛大的庆祝活动。

威廉明娜女王的女儿朱丽安娜女王于1948年继位。从那以后，荷兰人仍然延续庆祝女王生日的传统（4月30日）。然而，1980年当任贝娅特丽克丝女王继承王位后，为了表示对母亲朱丽安娜女王的敬爱，将自己的"官方"生日定为4月30日，以延续母亲的生日庆典。也有人说是因为贝娅特丽克丝女王真正的生日是在冬季的1月31日，那时候天气太冷，不适合举办庆祝活动，所以才改为4月30日。从那以后，4月30日就被定为"荷兰女王节"，每年的这一天全国放假一天，大肆庆祝，热闹程度不输嘉年华会。与前几任女王的做法不同，每年贝娅特丽克丝女王都会在4月30日当天造访荷兰一两座城市，近距离与民众接触。

4月30日荷兰女王节这一天最特别的是，每个荷兰人都可以在自家门口、热闹的市区等任何地方摆摊，出售各式各样的私人宝物，而不受任何税务限制。女王节当天尤以阿姆斯特丹最为热闹。活动从9点钟开始，许多人甚至前一天晚上就到街上占位子了。所有交易品的价格由买、卖双方讨价还价决定，不但宾主尽欢，而且每个人到处杀价买东西，乐此不疲。由于这一天不少人卖的是珍藏的私宝，不少行家或者收藏家也会来逛街。

阿姆斯特丹市区，狂欢的人们沿着运河街与莱登广场跳舞、唱歌，整个城市成了派对的场地。阿姆斯特丹的运河上也很热闹，密密麻麻的船只挤得运河水泄不通，有的在船上举办跳蚤市场，有的开起舞会，或只是三五好友聚在一起喝酒唱歌，狂欢一番。许多人甚至提前一天晚上就请来乐团演奏，举行舞会庆祝。29日晚上，阿姆斯特丹的运河上都会点亮如繁星般的霓虹灯，增添节庆的气氛。这一天也是各商家不愿错过的一天，尤其是酒吧的啤酒供应商。

2013年1月28日晚，75岁的贝娅特丽克丝女王发表电视讲话宣布退位，并表示将于2013年4月30日将王位移交给其子威廉·亚历山大。她说，她的年龄以及2013年适逢荷兰王室登基200周年，这"正是我要退位的原因"。

退位后，贝娅特丽克丝全力支持儿子威廉·亚历山大国王的工作，并继续从事公益活动，同时享受天伦之乐，带着孙辈们参加社区和国家的公益活动，所到之处依然会受到热烈的欢迎。出于对音乐的喜爱，她常常低调出现在阿姆斯特丹音乐厅。作为曾经的女王，她也是慈祥的母亲和祖母。荷兰民众对王室的爱表现为给他们足够的私人生活空间，让他们也能享受每个人都希望享受的家庭天伦之乐。

2014年4月26日，荷兰迎来自1890年以来的首个国王节，荷兰国王威廉·亚历山大、王后马克西玛，以及前荷兰女王贝娅特丽克丝等王室成员一同出席了当天的"巡游"活动。在过去的120多年里，荷兰一直与"女王节"做伴。2013年4月，随着荷兰女王贝娅特丽克丝正式退位，威廉·亚历山大继任成为荷兰国王，"女王节"变身"国王节"。

当天上午，荷兰国王威廉·亚历山大、王后马克西玛，以及前荷兰女王贝娅特丽克丝率先现身阿姆斯特丹附近的小镇德赖普。国王和王后在德赖普参与了极具荷兰当地特色的小游戏。

荷兰最大的城市阿姆斯特丹在国王节当天会变成橙色

的海洋。身着橙色衣服、头戴橙色饰品的荷兰百姓在阿姆斯特丹运河边载歌载舞，庆祝百年以来的首个国王节。国王节前夕，荷兰当地电视台就国王在民众心目中的形象进行民意调查。结果显示，约有74%的被访者表示他们相信国王。国王节当天，荷兰政府信息服务机构在"脸书"上启动了荷兰王室的社交网络平台。荷兰媒体认为，荷兰王室正在悄悄地发生"变革"。据悉，荷兰前女王贝娅特丽克丝从未回复过电子邮件，使用移动电话也只有6年。而随着时代的发展，尤其是在46岁的威廉·亚历山大继任成为荷兰国王之后，人们发现荷兰王室越来越多地使用电子产品。说不定哪天微信也会进入荷兰王室。

孙晓玲

荷兰足球的传奇
——马尔科·范巴斯滕

他是最具传奇色彩的职业足球运动员之一，极具运动天赋，他的人生充满了大悲大喜，既有无人能及的巨大成就，也有无法弥补的终身遗憾。他就是荷兰足球史上的著名前锋——马尔科·范巴斯滕。

马尔科·范巴斯滕（1964— ），荷兰前足球运动员，荷甲阿贾克斯队前主教练。范巴斯滕出生于荷兰中部乌德勒支市，小学时就是著名的"体操王子"。因为父亲是当地家喻户晓的足球运动员，受其影响，范巴斯滕于15岁开启了自己的足球生涯。他是20世纪80年代至20世纪90年代荷兰和意大利班霸球队AC米兰队最优秀的前锋，曾经三次获得欧洲足球先生，一次获得世界足球先生。他的一生充满传奇色彩，一次次向人们展示了他高超的球技，书写着自己辉煌的成就。他的每一次出现都吸引万众瞩目，他的每一次射球都预示着奇迹即将发生，他在绿茵场上追逐着足球，为自己所效力的球队争取到一次又一次的胜利，同时也收获了荣誉。他一次次刷新着原有的成绩纪录。在球迷心中，他是一个神话般的人物。他是当之无愧的一代足球奇才！

01 / 年轻的欧洲金靴

1964年10月31日,马尔科·范巴斯滕出生在荷兰中部城市乌德勒支。乌德勒支是一个美丽的城市,宽阔的绿茵草地比比皆是,波光粼粼的湖泊环绕着幽深的森林,在明媚的阳光照耀下,一切都显得如此安静祥和,空气中似乎散发着淡淡的清香,令人心旷神怡。美丽的自然环境给小范巴斯滕留下了美好的童年回忆。小范巴斯滕会经常一个人跑到宽阔的草地上玩得不亦乐乎,他就是在这种无忧无虑的时光中度过了自己的学龄前生活。

进入小学后,小范巴斯滕除了认真读书外,还参加体操运动。体会到体操的快乐后,他就喜欢上了体操。范巴斯滕的身体协调性很好,是学校里有名的"体操王子"。在老师的鼓励和支持下,范巴斯滕加入了体操队。经过一段时间的训练,范巴斯滕取得了相当不错的成绩,尤其是他的柔韧性表现极佳,得到了各位老师的表扬和赞赏,而这也为之后他在球场上利用自己优异的身体柔韧性踢出令人惊叹不已的漂亮球打下了一定的基础。大家都以为这个拥有极佳体操潜能的好苗子将来一定会成为著名的体操王子，但出乎意料的是，在父亲的影响下，范巴斯滕将兴趣转向了足球。当范巴斯滕决定离开体操队时，大家都感到惋惜。

尽管大家一再挽留，但是范巴斯滕还是选择了离开。

范巴斯滕之所以离开体操队，主要是受父亲潜移默化的影响，日渐被足球的魅力所吸引。范巴斯滕的父亲在当地可是家喻户晓的足球运动员。范巴斯滕的父亲从小就表现出了不一般的足球天赋，年轻时曾分别为多斯和乌特勒支两支俱乐部效过力，是一位优秀的足球球员，他的速度和控球技术在当时也是一流的，是荷兰足球史上一名优秀的边锋。幼年时期，家中良好的遗传因素和父亲的言传身教让足球逐渐走进了范巴斯滕的心里，他对足球产生了浓厚兴趣。升入中学后，父亲的一言一行对他的影响更加深刻。每逢节假日，范巴斯滕总是与家人一起去看父亲参加的各种比赛，日积月累，耳濡目染，绿茵球场对范巴斯滕的吸引力越来越大，他开始暗下决心，一定要继承父亲的事业，成为一名优秀的足球运动员。父亲也注意到了儿子的兴趣和志向，有意引导和培养。他闲暇时，父亲经常带着范巴斯滕去草地上踢球，教他如何运球，如何传球，从哪个角度射门。父子俩经常一踢球就是一下午，直到天黑了才恋恋不舍地离开。

范巴斯滕的父亲结束职业队生涯后，开始在家附近的一个业余足球俱乐部担任足球教练。1979年，范巴斯滕15岁，他的足球生涯由此拉开序幕。他选择在当地的乌特勒支俱乐部队当球员，这里正是父亲原先担任教练的俱乐部。在这里，范巴斯滕并没有因为父亲的原因而有丝毫优越感，反而比其他人更努力，默默艰苦训练，因为他不想给父亲丢脸。他每天除了吃饭睡觉，大部分时间都在练球。在外人看来，他的生活很枯燥，但他自己明白，既然选择了足球运动，就没有理由叫苦喊累，努力，坚持，不断完善自我，提升自己，只有这样，才能成为像父亲一样的伟大球员！凭借着这股执着的信念，范巴斯滕得到了教练的肯定和欣赏！

1982年，在为乌特勒支队效力两年之后，范巴斯滕凭借高超的球技和良好的身体素质，收到了荷兰最强足球俱乐部——阿贾克斯俱乐部队的邀请，正式与其签约。刚刚

18岁的范巴斯滕获得了代表阿贾克斯一线队出战荷甲联赛的机会,可见阿贾克斯对他器重有佳。

1982年4月3日,范巴斯滕在联赛赛场上以替补身份临时换下了一代巨星约翰·克鲁伊夫,迎战奈梅亨队,这是范巴斯滕的荷甲首秀。这在旁人看来简直是不可思议,一个年纪轻轻的小伙子怎么能与身经百战的巨星克鲁伊夫相比!但就是在这场比赛中,范巴斯滕向世人展示了自己的足球天赋,他用一记头球攻门让在场的所有人对他刮目相看。"球进了!"场上一片哗然,喧嚣沸腾,球迷们克制不住自己的疯狂,欢呼声一浪高过一浪,这是范巴斯滕首次展现出他的惊人球艺。第二年,范巴斯滕的身体素质与球技不断成熟,迈上了一个更高的水准,他的进攻充满力量和速度,技能更加娴熟,能够灵活应对各种突发情况。他的比赛成绩也越发令人振奋,谁都不曾想到,这个年轻人的身体里蕴藏着无尽的潜能,在20场荷甲联赛中竟然成功地踢入了九球,这一成绩让范巴斯滕逐渐成为球队不可或缺的优秀进攻球员。在1983—1984赛季中,他再次展现了自己的高超技术。每当人们谈起那段时光,都会认为那是范巴斯滕的辉煌时代，他是球场上的王者，26场荷甲联赛中，范巴斯滕独自一人攻入28球，荣获了人生历程中的第一个金靴奖。在此之后，他又参加了三个赛季联赛，在86场荷甲联赛中又创造了攻入90球的惊人成绩，连续四次蝉联荷甲最佳射手称号。他被欧洲足联视为欧洲足坛最具天赋的前锋之一。球场上，他的动作优雅敏捷，控球技术极为精湛，而且速度迅猛，射门技巧也有着自己的独特风格。看范巴斯滕踢球更像是一种艺术享受。

1986—1987年的联赛赛季是范巴斯滕为阿贾克斯效力的最后一年。当时距离阿贾克斯上一次夺得欧洲锦标赛冠军已经过去14年之久，范巴斯滕的到来给阿贾克斯队的队员们带来了希望。赛场上，范巴斯滕挑起球队队长重担，带领球队最终将欧洲冠军杯收入囊中，雪洗多年未夺冠之耻。这场赛季的九场比赛中，在全体球队队员的配合下，范巴斯滕攻入了六个进球，尤其是对阵西班牙的萨拉戈萨队的半决赛令所有人都记忆犹新。主客场两场比赛中，身为队长的范巴斯滕奉献了四次精彩助攻，以4分的优势轻松过关。

1987年5月13日，荷兰迎来了一场激动人心的足球决赛,这次的对手是德国莱比锡火车头队。整场比赛紧张又刺激。双方时刻紧盯着对手,不给对方一丝希望。最后是范巴斯滕抓住机会,以一记漂亮的小角度俯身头球攻门,打进了全场唯一的进球,为阿贾克斯收获了俱乐部历史上第一个(也是唯一的)欧洲锦标赛冠军奖杯。阿贾克斯日后能够成为欧洲足球史上的"大满贯",同样离不开这位战功赫赫的一等功臣。

范巴斯滕为阿贾克斯效力六年,从17岁到22岁。他与球队队员们并肩作战,共同为俱乐部收获了很多的荣誉,包括三次荷甲联赛冠军、三次荷兰杯赛冠军,以及一次欧洲锦标赛冠军,而他自己也凭借个人的优异表现收获了多个奖项,包括四次荷甲金靴、一次荷兰足球先生、一次欧洲金靴、一次欧洲银靴。而且他还在1987年度获得了布拉沃奖(欧洲最佳新秀奖)。他在代表阿贾克斯俱乐部队所有赛事中总共出场175次,攻进了154球。在阿贾克斯的辉煌时刻,让所有人都记住了这位年轻帅气的足球小将!

02 "红黑军团"时代

1987年,范巴斯滕结束了在阿贾克斯的球队生涯,加入AC米兰。这次,与他一同前往的还有同胞路德·古利特,这同样也是荷兰足坛上一位了不起的人物。

1987—1988赛季,对于意大利AC米兰俱乐部来说,无疑是一个难得的东山再起的机会,范巴斯滕与古利特的加盟给AC米兰增添了一份崛起的生机。1987年9月13日,意甲联赛拉开了序幕。第一轮是与比萨对阵,范巴斯滕首场比赛即出场,在赛场上他漂亮地完成了自己在意甲联赛的处子秀,帅气地攻入一记点球,帮助球队以3∶1的优秀成绩成功击败对手。

比赛不断往前推进,一切似乎都很顺利,却不知平静的背后暗藏危机,由于连续出战五场比赛,范巴斯滕右脚踝伤复发,这对风头正劲的AC米兰队来说可不是好征兆,而对于范巴斯滕本人则是难以接受的残酷事实。这次伤病导致他不得不连续放弃19轮意甲联赛比赛,直到第二年的

4月才结束疗养,回归球队,重返赛场。此时,AC米兰与那不勒斯的较量已进入了白热化的阶段。

1988年5月1日,比赛进入倒数第二轮,AC米兰客场与那不勒斯展开对垒,这是一场决定赛季冠军的强强之战。比赛在众人瞩目下激烈进行。第76分钟时,范巴斯滕与队友古利特默契配合,接住古利特边路突破后的妙传,从中路包抄,成功踢入AC米兰关键的第三个进球,最终AC米兰以3∶2险胜一分,击败马拉多纳领衔的那不勒斯队,为AC米兰夺得了间隔九年的意甲联赛桂冠。美中不足的是,伤病的困扰让范巴斯滕在比赛中难有用武之地,在11次出场中,他仅仅攻入了三个球。但尽管如此,他在此次比赛中还是作出了很大的贡献。他与古利特配合默契,使AC米兰成为最后的赢家,并且在1987—1988赛季中又赢得了贝卢斯科尼时代的第一个联赛冠军!

在1988—1989赛季来临之际,令意大利AC米兰振奋不已的好运再次出现:范巴斯滕原在阿贾克斯俱乐部的队友里杰卡尔德从西班牙萨拉戈萨队撤出,加入AC米兰俱乐部球队。这样,AC米兰队就拥有了三名球艺高超的荷兰运动员，被人们称为"红黑军团"。他们的聚合给这支球队输入了充满活力的新鲜血液，开辟了让整个欧洲为之胆寒的"红黑王朝"。范巴斯滕的身体经过调养已完全恢复。他很快进入状态，跟随AC米兰队再次踏上席卷欧洲的比赛征途。参加这个赛季的球队包括很多当时的欧洲劲旅，如贝尔格莱德红星、云达不莱梅、皇马、布加勒斯特星队，等等。在比赛中，这个"红黑军团"先后与这些欧洲劲旅进行了激烈的角逐。在主帅萨基的指挥下，AC米兰采取了全场压迫式的快速攻防战术，速战速决，摆倒了一个又一个对手。尤其值得一提的是，在半决赛及决赛中，AC米兰先是对皇马开启了一轮又一轮的狂轰滥炸，以5：0的绝对优势击败皇马，之后又以4：0狂击布加勒斯特星队，打得两队落花流水。范巴斯滕在比赛中同每个对手的对手戏都非常精彩，打出一个又一个漂亮的进球，在九场冠军杯比赛中，范巴斯滕成功地踢入了10球。范巴斯滕采用的是全面开弓的高超球技，左脚踢进了五球，右脚踢进了两球，再加上五个头球进球，堪称完美，引起全场轰动。范巴斯滕一人踢进的球的数量就占了全队总进球数的一半。时隔20年，

AC米兰再次登顶欧洲足球赛事的最高荣誉，而这离不开范巴斯滕这位立下汗马功劳的大功臣。

回到国内不久，"红黑军团"又参加了国内联赛，这次的对手是国际米兰，可惜此次夺冠失败，未能卫冕意甲联赛冠军。虽然团队成绩不是特别好，但范巴斯滕的个人表现还是相当不错的，在33场比赛中赢得了19个进球，仅比国际米兰射手塞雷纳少三个球，还将意甲联赛银靴收入囊中。在这个赛季里，因高超的球技和优异的成绩，范巴斯滕收获人生中的第一个金球奖——1988年欧洲金球奖，并被英国《世界足球》杂志评选为1988年世界最佳球员。

一年后，正当欧洲最佳球队——AC米兰打算在原先取得的成绩基础上继续前行时，意外却从天而降：队里的中场关键人物古利特由于膝伤复发，需要迅速进行手术，术后又不得不接受长期休养。古利特遗憾地缺席了整个赛季的所有比赛，这对于整支球队来说无疑是重大损失。没有了这位"辫帅"的参与，AC米兰中还有谁能够担此大任？是否还能再现王者之气？而在欧冠的卫冕征途中，一路充满艰难险阻，梅赫伦、皇马、拜仁、本菲卡这些强敌对球队的威胁时时都在。在这万分紧迫的情况下，范巴斯滕勇敢地站了出来，挑起大梁。每次球队陷入困境时，范巴斯滕都会积极应对，积极进球或助攻，帮助球队化危为安。总共七场比赛，他独自一人打入三球并助攻了三次进球，在AC米兰与维也纳队的较量中又成功以1∶0完败本菲卡队，卫冕了欧洲冠军杯。这次比赛，范巴斯滕成为球队的主力先锋，再次证明了自己的强大实力！意甲联赛再次来临，范巴斯滕的灵感再次迸发，凭借夯实的技能成功破门数次，虽然没有了古利特这个金牌搭档的相互配合，仍一个人在26场比赛中攻入了19球，将意甲金靴捧回手中。此次比赛的唯一遗憾，是在与那不勒斯队争夺意甲联赛冠军时，AC米兰以2分之差惜败给那不勒斯，没能成为双冠王。范巴斯滕凭借着在欧冠和意甲的精彩表现，收获了第二个欧洲金球奖。多次征战的范巴斯滕此时已将团队荣誉与个人辉煌战绩会聚一身，成为当时世界足坛最威名显赫的前锋。无数球迷成为他的铁杆粉丝，在球迷们看来，他就是众人心目中的万人迷！

然而，另一个危机也正在慢慢向范巴斯滕靠近！

萨基是"红黑军团"的主帅,在1990—1991赛季中,范巴斯滕对战术布置与日常训练有着自己的一套看法,而统领军团的主帅萨基也有自己的观点,两人难以达成共识,最终只能听从萨基的指挥。萨基对队员们进行大量的体能训练,在比赛中不断要求范巴斯滕回撤。这种注意协防的战术打法不但让球队难以取得进攻优势,同时还大大减少了范巴斯滕的攻门进球机会。这让范巴斯滕非常气愤。不良的战略战术对 AC 米兰造成了巨大的影响,对范巴斯滕的打击更是如此。在整个赛季各项赛事中,总共出场了 35 次的范巴斯滕仅踢入 11 球。本想夺冠的赛季变得一塌糊涂,AC 米兰队中的将帅矛盾愈演愈烈。

1991 年 5 月,面对严峻的球队形势,俱乐部主席贝卢斯科尼果断地做出了抉择:把主将范巴斯滕留在米兰队,用此时正在担任米兰青年队主教练的卡佩罗替代原来的主帅萨基。这是一个具有转折性意义的决定,对球队接下来的比赛起了重要作用。

卡佩罗的到来把在生死线上挣扎的 AC 米兰拉了回来。新主帅的新战术彻底改变了过去束缚过多的打法,"红黑军团"作战更加自在轻松，范巴斯滕犹如被解除了枷锁，终于可以轻松上阵。此次调整使他精神大振，进球更是勇猛。在1991—1992这个赛季中，AC米兰领先8分，击败第二名的尤文图斯队，夺得了意甲联赛冠军，这已经是AC米兰俱乐部队历史上获得的第12个意甲联赛冠军。自意大利在1929年正式举办全国性联赛以来，AC米兰成为历史上第一支在整个赛季中都保持不败的冠军球队。这样的成就被国际足坛公认为是世界上水平最高的联赛，有"小世界杯"的称号。AC米兰创造的骄人战绩震惊了整个足坛，让无数人为之折服。此次赛季上，范巴斯滕出场31次，追平了自1961—1962赛季意甲联赛赛季的最高纪录。他在这一季的比赛中同样取得了优秀成绩，打入了25球，成功助攻八次进球，为球队取得胜利发挥了重要作用。同时，他也将自己的第二个意甲金靴揽入怀中。沉寂了一个赛季后的AC米兰与其主将范巴斯滕以这一种最绚丽动人的方式又再一次回归到了王者之位！

03 人生的巅峰，人生的滑铁卢

1992—1993赛季拉开序幕之前，国际足联颁布了一条引起世人注目的赛事规则：为了改变过去由于防守盛行导致的无聊和沉闷的赛场氛围，让比赛更加精彩，国际足联规定，禁止守门员在比赛中用手接本方队友的回传球，同时不准守门员将球放下后再用手拾起。这项更新的规则使得比赛更具吸引力，对范巴斯滕来说，这同样是一个极好的消息。这样一来，他的攻球优势能够更好地得以发挥。

赛季一开始，范巴斯滕很快进入状态。在联赛第二轮对阵佩斯卡拉队时，他帮助AC米兰在2∶4落后的情况下扳回两局，成功击败佩斯卡拉队。1992年11月8日，AC米兰客场对阵那不勒斯队，在这场比赛中范巴斯滕又独中四元，帮助球队以5∶1的比分优势轻松扳倒对手。在刚刚结束上轮比赛两个星期后，1992年11月25日，范巴斯滕遭遇对手哥德堡队。在这场比赛中，他又一次创造了独中四元的奇迹，帮助球队在主场以4∶0的绝对优势赢得比赛，同时也让自己成为冠军联赛史上第一位上演大四喜的球员。意气风发的范巴斯滕越战越勇,整个人的状态非常好,虽然有些后卫在比赛中为了阻挡这位天才般的前锋,经常从背后铲球来打击范巴斯滕,给他造成了一定的干扰。但即使这样,他进攻的步伐仍然是势不可当,令很多对手望而生畏。范巴斯滕以为自己会一直持续这样好的状态在足球场上自由驰骋,大家也盼望着在比赛场上继续看到他的精彩表演,可是悲剧就在这时发生了。

1992年12月13日,与安科纳队结束上半场比赛后,对手在阻止范巴斯滕时犯规,导致他右脚踝骨破裂,带伤离场,被迫停止比赛。受伤之前,范巴斯滕在意甲联赛中位居射手榜首,在冠军杯比赛中也同样位居欧冠射手榜首。本来他可以再拿一次金靴,但伤病的牵绊让他的梦想化为泡影。令人欣慰的是,鉴于他这一年的杰出表现,欧洲足联授予了范巴斯滕欧洲金球奖,这是他收获的第三个金球奖。同年底,英国《世界足球》杂志再次将他评选为1988年世界最佳球员,国际足联也赠予他1992年FIFA世界足球先生的荣誉称号,范巴斯滕因此成为历史上第一个同时获得这三项殊荣的足球先生。年轻的范巴斯滕站在了世界足坛的最顶峰。刚满28岁的他意气风发,相信自己在康复后还有足够的时间继续证明自我的价值,继续谱写自己的辉煌战绩。

经过五个月的悉心调养,范巴斯滕终于等来了复出的机会。1993年,范巴斯滕以替补的身份参加了对战乌迪内斯的比赛。在德国慕尼黑进行的1993年欧洲冠军杯决赛中,他们成功获得了参赛权,这一次的对手是他们所熟悉的马赛队,这又是一场激烈的比赛。1993年5月26日,作为前锋的范巴斯滕闪亮登场,虽然他的右脚脚踝还未完全恢复,身体灵活性和平衡性的发挥不如以前那么好,而且大家也担心他在比赛中是否会再度出事。但是,上场后的范巴斯滕依然威力不减,对于对手来说还是有着巨大的威胁。赛场上,他妙传马萨罗的头球攻门,巧妙地为帕潘创造了一次极好的铲射机会。可是比赛的下半场,悲剧再次发生。当范巴斯滕在中圈附近接队友传球时,对方后卫博利从其背后进攻——朝范巴斯滕背后一记凶狠铲翻,这让范巴斯滕本来就脆弱的脚踝再次雪上加霜。这次重击让重伤累累的范巴斯滕只得在第 85 分钟时换人下场。范巴斯滕的离开使整个球队失去了主心骨，AC 米兰以 0∶1 惜败给马赛。谁都没有想到，这一战竟成为范巴斯滕职业生涯的最后一战，他的足球运动生涯停止在他 28 岁这一年。

直到今天，范巴斯滕比赛生涯中创造的奇迹还经常被大家津津乐道。提及他，大家除了欣赏、赞扬外，也为他感到遗憾，如果范巴斯滕没有被右脚脚踝伤痛困扰，也许职业生涯的传奇色彩会更加浓重！

范巴斯滕在接受了一系列的医疗手术之后，进行了漫长的疗养和康复。1994 年世界杯范巴斯滕原本想参赛，主治医生、比利时著名的骨科专家马滕斯知道后，及时制止了这一危险行为。因为范巴斯滕脚踝的伤势已经到了难以挽回的地步，他已经不能继续踏入绿茵场，他的足球运动生涯也就此宣告结束。

04 / 足球英雄的落幕

1995年8月,范巴斯滕与俱乐部商量后做出了最后抉择。8月17日,在米兰,范巴斯滕召开了新闻发布会,宣布退役。8月18日,在贝鲁斯科尼杯赛正式开始前,范巴斯滕身着便装,回到了许久不见的圣西罗球场,绕场一周,向到来的64000名球迷挥手告别。

"再见了,我的球迷们。"

"再见了,我爱的绿茵场。"

"我爱你们!"

作为他曾经的恩师卡佩罗,在看到这一告别画面时不禁潸然泪下。场上的观众也对他报以经久不息的掌声和欢呼声。

所有人以掌声、呼喊声和泪水欢送范巴斯滕离开球场,他们向这位AC米兰永远的骄子传递着自己的不舍和祝福。

2003年,范巴斯滕在阿贾克斯青年队开始教练生涯。2004年,他出任荷兰国家队主教练,带领荷兰国家队参加了2006年世界杯和2008年欧洲杯。2008—2014年,范巴斯滕先后执教于阿贾克斯、海伦芬等球队。2016年9月,范巴斯滕出任国际足联技术部总监。

范巴斯滕,这位球场上的传奇人物,集力量与技术于一身。他不仅是荷兰人的骄傲,更是世界足球史上一颗璀璨夺目的明珠。一项项奖杯的收获,一个个荣誉称号的赠予,他的拼搏努力得到了足坛的公认,开辟了属于自己的辉煌时代。在人们眼中,他不仅是一个足球运动员,还是一部足球百科全书,是足球运动美的化身,是足球运动天才,是绿茵场上的"芭蕾舞者",将足球的美进行了完美的诠释,带给人不一样的享受。虽然他在绿茵场上的时间不长,但他所创造的奇迹和留下的傲人成绩是无人能及的!

当年的足球明星们都对范巴斯滕的评价颇高:

舒梅切尔:在我的足球生涯中,遇到最厉害的前锋是范巴斯滕。在1992年欧洲杯上,他给我们带来了极大的威胁,两名后卫也防不住他,虽然我扑出了他的点球,但他仍然无愧是一位伟大的前锋。

贝尔戈米:我所见过最强大的前锋是范巴斯滕,要想防守他是非常吃力的。

因扎吉：我的偶像是范巴斯滕。他踢球水平高，完美无缺，我想接近他，但我要学的东西还很多，他才是世界头号球星。

萨基：当我听到他（范巴斯滕）要退役的消息后，都忍不住想要流泪了。无论如何，他是战后世界上最优秀的前锋。

古力特：在意大利踢球，后卫所给你的空间极其有限，但范巴斯滕却能在区区几十厘米的空间娴熟地展示自己的技术，这是其他球员难以做到的。

范巴斯滕，足坛上无与伦比的天之骄子！

王灵桂、侯超颖

附录一：荷兰四宝

1. 风车

荷兰被称为"风车之国"。荷兰是一个"低地"国家，特殊的地势使得荷兰长期受到来自海潮的侵蚀。为了生存，荷兰人开始筑坝围堤，同大海争取生存的土地，还创造了高达9米的抽水风车。荷兰人用智慧造就了自己的生存空间。从前欧洲流传着这么一句话："上帝创造了人，荷兰风车创造了陆地。"正是这些高高耸立的抽水大风车让荷兰在与大海的争夺赛中取得了占荷兰三分之一的国土。

1229年，荷兰人发明了世界上第一架风车。因为荷兰地势平坦，长期受到强劲西风的影响，使得风车易于转动，因此风车便在荷兰的各个地方得到普及。后来，荷兰的风车技术得到不断改造和完善，风车的用途从原来只用于碾磨谷物，扩展到了加工大麦、把原木变成桁条和木板、制造纸张、从各种油料作物中榨油、把香料磨碎等。

随着科技的发展，荷兰有了更好的、可以提供动力的机械，蒸汽机、内燃机和电动机等渐渐代替了原来的风车，荷兰人将每年5月的第二个星期六定为"风车日"。在这一天，举国欢庆，全国所有的风车都一齐转动，商店里面摆着各种精致美丽的风车工艺品，各地都可以看到各种风车和风车的装饰物。

在距荷兰阿姆斯特丹仅20千米的地方，有一个桑达姆风车民俗村。民俗村集生活与旅游于一体，以其恬静优美的自然环境、庄重古朴的老式建筑、传统的工艺展示和古老的风车，每年吸引着大量游客。在民俗村，有现场使用传统工艺制作木鞋、奶酪的作坊。

距鹿特丹不远的金德代克—埃尔斯豪特村有当今世界最大的风车群。这里有19架古老的风车，每一架风车就是一个风车塔房，呈圆锥形，墙壁自上而下向里倾斜，风车的四片长方形翼板固定在塔房顶部的风车上。塔房分几层，用于人们的日常居住，有的家族在风车塔房里已生活了两百多年。每年七八月份的星期六，这些风车会对外开放，是荷兰旅游的一大景观。

2. 郁金香

郁金香是荷兰的国花，是荷兰身份的一种象征。是一个叫克卢修斯的人把郁金香这种花带入了荷兰。他曾在维也纳皇家花园当园丁。荷兰人非常喜欢郁金香，因此这种花会在短时间迅速遍及荷兰的各个地方。荷兰人以爱花和擅长种花而闻名全世界，荷兰也被赋予了"欧洲花园"的美誉。在荷兰，去人家中做客常会带一束花作为礼物，而且荷兰人喜欢养花，用花来装饰自己的房前屋后。

3. 奶酪

如果有人问在荷兰有什么好吃的，很多人都会推荐荷兰奶酪，荷兰的奶酪被认为是奶酪王国的瑰宝。据记载，荷兰奶酪工业开始于9世纪。奶酪是荷兰人不可缺少的一种食物，它的营养价值很高，含有多种营养元素，对补充体力很有益处。荷兰奶酪最出名的就是如同车轮般大小的黄波奶酪，产量巨大，占荷兰总奶酪产量的一半多。这种奶酪的外表像个黄色的车轮，表面覆有一层薄蜡，乳味浓，是荷兰人最喜欢的奶酪。而红波奶酪则是世界上唯一保持完美球形的奶酪，是荷兰各类奶酪中第二重要的产品。黄波奶酪与红波奶酪均属原味奶酪，营养价值很高，口味也很受荷兰人的喜爱。

荷兰是真正的奶酪王国，每年出口奶酪 40 多万吨，产量高居世界第一。奶酪对荷兰来说除了是食品，也是一个文化象征。

4. 木鞋

荷兰木鞋位于"荷兰四宝"之首，足以看出它在荷兰人心中的地位。这与荷兰的气候有着很大的关系，荷兰是温带海洋性气候，加上临海，地势低洼，光照期短，全年晴好天气不足 70 天，这样的天气造成了荷兰土地非常潮湿，而木鞋就是在这种情况下产生的。木鞋可以防潮湿，而且经久不烂，深受荷兰人喜爱。穿上这样的鞋，荷兰人就可以在潮湿的土地上安心进行各种工作，非常便利。木鞋的制作原料是杨木，要求必须用生长四到六年的杨木制作。现在，木鞋已经成了荷兰的象征，也成了荷兰的特色产品和旅游纪念物。

在荷兰有这么一个传统：婴儿出生时，家中都要为孩子准备一双木鞋，用来传达一种信念——作为一个荷兰人，一生都要与木鞋为伴。

据说，以前荷兰男女谈恋爱时，都会以木鞋作为情人间的礼物。一般是男生送女生，木鞋上刻上女友的姓名。结婚时，丈夫把木鞋作为定情信物送给妻子。结婚当天，在教堂举行婚礼仪式时，新郎新娘都要穿上木鞋，直至仪式结束后方可换下。

荷兰人还会以木鞋为礼物，馈赠亲朋好友。如果有人送一双你刚好能穿的木鞋，那就意味着你是他们最尊贵的朋友。阿姆斯特丹市有一座足球博物馆，里面有球迷们捐款为阿贾克斯队的国脚们特制的、等比例放大的巨型木鞋，以表示对他们的无限敬仰和崇拜之情。

在荷兰还有一座关于木鞋的博物馆。在这里，可以看到各种大小不一、颜色不同和制作材料不同的木鞋。

附录二：荷兰的节日和习俗

荷兰的国庆节就是荷兰女王节，每年的4月30日是荷兰庆祝女王生辰的法定假日，这是荷兰人在一年中最重要的日子，也是荷兰一年中节日气氛最浓重的节日之一。这一天，荷兰全国放假，举国上下欢度节日，大街小巷悬挂着荷兰国旗和代表皇室的橙色旗帜，随处是游行的队伍和热闹的音乐会。许多人都用橙色服饰来装扮自己，或者在脸上涂上橙色的油彩。

荷兰自威廉明娜女王开始就有了女王节，起初命名为公主日，直至女王登基才改名为女王节，当时的女王节为8月30日。朱丽安娜女王继位之后，女王节改为4月30日，因为这天是新任女王的生日。到1980年女王贝娅克特丽丝继位后，沿用朱丽安娜女王的生日为荷兰女王节，并将这一天设为法定假日，全国庆祝。这一天，荷兰女王还会巡视一两座城市，人们手持鲜花来到中央街道两旁，向女王及王室成员表示敬意。这一天最特殊的是,人们可以随意摆摊而不用纳税,出售自己的私人物品,价格由买家和卖家商量决定。如今,在女王节露天摆摊已经发展成为荷兰十大传统之一,很受荷兰人的喜爱。

荷兰除了女王节,还有一个重要的节日,就是鲱鱼节。这个节日的设立源于鲱鱼对荷兰的崛起发挥了很大的作用,荷兰人对这种鱼有着不一样的感情。

14世纪,很多荷兰人都靠捕捉鲱鱼为生,在与苏格兰人关于渔场的数次争夺中,荷兰人取得了胜利。一个叫作伯克尔斯宗的渔夫发明了一种保鲜的方式,可以将加工后的鲱鱼保存一年之久,这使他们能把鲱鱼卖到欧洲各个地方,也让荷兰从渔业发展到了海上贸易,对荷兰经济发展产生了重要影响。

鲱鱼节是每年5月的最后一个星期六。在这一天,江河湖海里的船只悬挂上各种灯,成群结队,渔民们会穿上华丽的传统民族服饰,表演民间歌舞。而全国的餐厅和街道都会贴满关于"鲱鱼节"的赞誉之词,充满节日欢乐气氛。

在荷兰，鲱鱼的吃法很特别，他们不会选择煎或烤，而是直接搭配洋葱生吃。先将腌制好并去掉头和内脏的生鲱鱼一剖两半，去掉鱼骨，抹上新鲜的、切成小方块的洋葱，然后拎起鱼尾巴，直接送入嘴里。当然，也可以选择让老板帮忙把鲱鱼切成片。这道独属于荷兰的鲱鱼料理是每个在外的荷兰人最想念的家乡食物。

荷兰人在生活中对服装的要求并不讲究，参加正式的晚餐时，男士会打领带，女士会穿裙子和洋装，在其他场合，荷兰人会穿自己喜欢的、舒适的便装。

在荷兰的餐桌文化中，早餐非常丰富，早上10点休息时吃茶点，午餐比较简单，多半为三明治和咖啡，下午3点休息时再次吃茶点，晚上7点是荷兰人吃晚餐的时间，晚餐是一天中最为丰富的。

生活中，荷兰人喜欢养花、植树、种草，装饰自己的房子。荷兰人很喜欢去夜店和咖啡店。在荷兰各个城市的主要街道上，咖啡店比比皆是。荷兰人讲究清洁和整齐，每天早上都会把房间收拾得干净整洁。

荷兰人时间观念强，与荷兰人交往要注意准时。去荷兰人家里做客时，要准备一束花或一些小礼物，但不需要准备昂贵的礼物。

荷兰有一种菜叫作"国菜"，是由胡萝卜、土豆和洋葱组成的，做法是混合烹调，每年10月3日，荷兰的家家户户都要吃这种菜。

荷兰人在介绍自己的名字时，一般都是介绍自己的姓。

在官方场合，荷兰人与客人通常行握手礼，在日常生活中，朋友之间大多施拥抱礼，与特别熟悉的好友则有可能施亲吻礼。荷兰人不喜欢交叉着握手，认为这种行为是不吉利的。

荷兰的国鸟是琵鹭。琵鹭在荷兰受到法律的保护。

荷兰四季都有着不同的活动。春天的时候，每年3月23日到5月21日，库肯霍夫公园，即郁金香公园，会迎接来自世界各地上百万的观光客。每隔10年，荷兰就会举办一次Floriade国际花卉暨植物展。

夏天的活动特别多，比如海牙的北海爵士音乐节、菲仕兰省境内的帆船比赛，以及在德连特省举办的自行车比赛。

秋天，荷兰各地则会举办各种大大小小、形形色色的花车水果游行。其中,最著名的要数阿姆斯特丹花车游行盛典了。游行的路程长达 5 千米,游行队伍的起点是阿斯米尔,从大早上开始,到下午结束,终点是阿姆斯特丹的水坝广场。

每年冬天荷兰有十多个城市都会举办行程 200 千米的马拉松溜冰比赛。

后　记

"一带一路"相关国家众多，代表性人物众多，为中外交好、民心相通作出杰出贡献的人士众多。因此，为"一带一路"璀璨群星立传，既使命光荣，又责任重大。在这项浩大工程的策划、组织、执行过程中，有许许多多的志士参加了有关传主的名单征集和审定，以及写作、翻译、审读、编辑、出版、筹资、联络等繁重而琐细的工作。所有参与的人员，以拳拳报国之心，尽深厚学养之力，克服了时间紧、任务重、要求高、压力大等诸多困难与挑战，最终圆满完成了任务。在本书付梓之际，丛书编委会特向参与本项目的全体同志致以崇高敬意和衷心感谢！

同时特别需要鸣谢的是，提出策划并领导实施此项目的中国传记文学学会会长王丽，基于长期法律实务经验和担任"一带一路服务机制"主席职务的便利，她对相关国家和走出去的"一带一路建设者"及广大青少年的需求了解真切,提出应当为他们写一套介绍各国典型人物的简明易读的传记,为他们提供健康的精神食粮。她把这项"额外"的工作当成了事业,不惜四处奔走筹集经费、苦口婆心招揽作者、精心挑选传主名录、夙夜青灯挥笔写作、近乎偏执逐字推敲、亲力亲为呕心沥血。面对如此浩大的出版项目和繁重的出版任务,中国出版集团华文出版社、中联部当代世界出版社、五洲传播出版社三家出版社携手毅然承担了出版任务,努力将该传系图书列入国家的重点出版工程,以高质量的编辑和装帧,确保了这套百卷丛书的国家级水平。在此,我们特向这三家出版社的相关领导和编辑们致以崇高敬意和衷心感谢!

尤其让我们感动的是,在项目执行过程中,一些富有家国情怀的民间商会和企业家的慷慨解囊,虽不足以支撑项目的全部费用,但是他们所表现出的热心和支持,让我们坚定了走下去的信心和决心,特向他们的拳拳报国之心和慷慨无私帮助致以崇高敬意和衷心感谢!

一项伟大的事业,离不开许多默默无闻的奉献者。在

后记

本传系的组织、编写、出版过程中,有历史、文学、科研、外交、教育、法律、翻译、出版等领域的数百位专业人士参与,恕不能在此处一一详列。需要特别提出的是,鞠思佳、李华华、景峰等同志为组织联络、搜集资料到处奔波而毫无怨言,唐得阳、唐岫敏、白明亮、谭笑、曹越等同志在编写、翻译和编辑、校对过程中的细致与负责让我们感动,赵实、胡占凡、高明光、吴尚之、刘尚军、李岩、王灵桂、李永全、陈晓明、许正明、宋志军、丁云、关宏等同志睿智的指点和专业的帮助让我们避免了许多弯路。在此,我们特向以上各位同志致以崇高敬意和衷心感谢!

当然,由于我们水平所限,本丛书难免有某些不尽如人意和瑕疵之处,敬请学界专家和各位读者不吝赐教,我们将在作品再版之时吸收完善。在此,我们也向各位读者提前表示崇高敬意和深深感谢!

"'一带一路'列国人物传系"编委会

2023 年 3 月 28 日